YILMAZ ODABAŞI

HER ÖMÜR
KENDİ GENÇLİĞİNDEN VURULUR

TOPLU ŞİİRLER
(1980-2014)

* SİSTE KALABALIKLAR
* YURTSUZ ŞİİRLER
* AYNI GÖĞÜN EZGİSİ
* FERİDE
* HER ÖMÜR
  KENDİ GENÇLİĞİNDEN VURULUR
* CEHENNEM BİLETİ
* AŞK BİZE KÜSTÜ
* ÇALINMIŞ BİR MAHŞER İÇİN AHVAL
* EY HAYAT
* BUĞULU ATLAS
* BANA YASAK SÖZLER SÖYLE

öteki YAYINEVİ

YILMAZ ODABAŞI

1962 Diyarbakır doğumlu. 12 Eylül 1980 askeri darbesiyle tutuklanınca İzmir Hukuk Fakültesi'ndeki öğrenimini sürdüremedi. Diyarbakır'da kitapçılık ve 1986'dan itibaren sekiz yıl gazetecilik yaptı. 1994'te Çağdaş Gazeteciler Derneği "yılın gazetecisi" ödülünü kazandı.

Uzun yıllar çeşitli gazetelerde köşe yazarlığı yaptı. İlk şiirleri 1981'de *Edebiyat 81* ve *Oluşum* dergilerinde, ilk şiir kitabı *Siste Kalabalıklar* 1985'te yayınlandı.

Şiir ve düzyazılarıyla ilgili pek çok üniversitede hazırlanıp onaylanan lisans tezlerinin yanı sıra, şiirleri İngilizce, Fransızca, Almanca ve Farsça'ya çevrildi. Bir kitabının Kürtçe çevirisi 1989'da Almanya Köln ve Irak Dıhok'ta, şiirlerinin İngilizce çevirilerinden oluşan bir kitabı *Everything But You* adıyla 2006'da, seçilmiş şiirlerinden oluşan bir başka kitabı *Bileklerimde Bayat Bir İntihar* adıyla İran Tahran'da 2015'te yayınlandı. 1975-2000 yıllarını kapsayan *Son Çeyrek Yüzyıl Şiir Antolojisi*'ni derledi.

Şiirleri ve şiir kitaplarıyla: 1990 CAHİT SITKI TARANCI Şiir Ödülü, 1989 TAYAD Şiir Yarışması İkincilik Ödülü, 1994 PETROL-İŞ SENDİKASI Şiir Yarışması İkincilik Ödülü, 1998 SABRİ ALTINEL Şiir Birincilik Ödülü, 1999 ORHON MURAT ARIBURNU 10.Yıl Şiir Özel Ödülü, 1992 HUMAN RIGHT WATCH / HellmanHammet "Baskıya Karşı Cesaret" Ödülü (New York), 1999 İsveç P.E.N. Onur Üyeliği ödülü gibi pek çok ödül kazandı. 2000 yılından itibaren ödüllere katılmadı.

Şiir kitaplarının yanı sıra deneme, hikaye, roman, anı türlerinde yayınlanmış çok sayıda kitabı bulunan Odabaşı'nın, *Kalbimde Hazan* (1999), *İyi ki Bu Düştesin* (2009) adlarıyla kendi sesinden iki şiir albümü yayınlandı. Bu kitabında yer alan birçok şiiri, başta Ahmet Kaya olmak üzere birçok müzisyen, müzik grubu, besteci ve yorumcusu tarafından seslendirildi.

Bu kitabında 34 yıllık şiir serüvenine dağılmış on bir şiir kitabı bir arada sunuluyor.

İÇİNDEKİLER

SİSTE KALABALIKLAR (1985)   11
- AKŞAMDIR   13
- SAVRUL GEL   14
- HAYAT GÜL KOKULU BİR SAĞANAK YİNE   15
- SİVEREKLİ ŞEYHO   16
- TANIK ŞİİR   17
- DELİ YÜREKLİ BAHAR   22
- PUSUDA YALNIZLIK   23
- YOLLARDA BÜYÜTTÜĞÜM ŞARKILAR   25
- SUSKUNLUK VURGUNDUR GÜNBATIMINA   27
- VAR GİT ARTIK   28
- GENELLEME   29

YURTSUZ ŞİİRLER (1987)   31
- KONUŞSAM SESSİZLİK GİTSEM AYRILIK   33
- YOKSA YÜZÜMÜZ PASLANACAK   35
- SAVRULAN SOKAKLARINDA ÖMRÜMÜN   37
- TERSİZ BİR KEDER   39
- GÖÇEBE AŞKLAR TAKVİMSİZ AYRILIKLAR   40
- YANIM AĞLAMA   43
- CİZRE YOLUNDA GÜNEŞE BAKAN ASKER   47
- YAŞANANI ANILAR KANATIYOR   48
- KIRIP GEÇEN GÜNE ŞİİR   50
- VURGUN   51
- YURTSUZ ŞİİRLER   53
- GÜNE DÖNERSİN   57
- AĞIRLAŞARAK AĞLAŞARAK   58

AYNI GÖĞÜN EZGİSİ (1989)   59
- SANA YAĞMUR DİYORUM   61
- BİR KIRIŞIKLIĞA KAYIT   63
- AŞKIM, ŞARKIM   65
- HALDAŞ GÖZLERİN   74

FİRE VEREN COĞRAFYADA	75
AYNI GÖĞÜN EZGİSİ	76
AYRILMAYALIM	78
NEŞTER VE GÜL	80
ARKALARIN ARDINDA	82
KADRAJ	84
SINIRA VURUYORUM SINIRSIZ VURUYORUM	85
HER FIRTINADAN ARTA KALAN	87
ÇATIRDAYAN KAFESTE	89
DEŞTİM VE DERİNLEŞTİM	91

FERİDE (1990)   93

SUNU	97
1. Bölüm	103
2. Bölüm	117
3. Bölüm	133
4. Bölüm	145
5. Bölüm	157

HER ÖMÜR KENDİ GENÇLİĞİNDEN VURULUR (1992)   175

AŞK DİNMEMİŞTİR	177
KARŞI SABAH	179
HER ÖMÜR KENDİ GENÇLİĞİNDEN VURULUR	181
AHVÂLİM AVCILARDADIR	184
MEVSİMLER VE ŞARKILAR	186
YENİK SERÇE	188
BAĞIRSAM UÇURUM GİBİDİR SESİM	191
NİCE KÜLLERDEN	192
HÜZNÜMÜN OĞLUDUR BÜTÜN ANILAR	193
DAVACI	194
AŞKLARIN YETİM RENGİ	196
BİLEKLERİMDE BAYAT BİR İNTİHAR	198
NİHAVENT MAKAMINDA	200
SENİ BİR TUFAN GİBİ SEVDİM	202
NOTALARI KURŞUNLANMIŞ BİR ŞARKIDIR YALNIZLIK	204
BİZE DÜŞEN YANMAKTIR	215

CEHENNEM BİLETİ (1994) — 217

- BİR NEHRİN TÜKENİŞİ — 219
- DİYET VE ÖZET — 220
- BİTME — 221
- İDRİS — 222
- GİDİNCE KIRILMIŞ DALLAR GİBİ — 224
- MESİH ŞİİRDİR — 225
- YÜZÜNÜ ARADIM GEÇTİM — 228
- İHTAR — 239
- EKSİK AVUNTULAR — 240
- GÜNLER BAYAT BİR KÜFRE DÖNÜŞÜYOR — 242
- BATMAN GARI — 244
- KUMRULAR SOKAĞI ŞİİRLERİ — 247
- O UZAK GÖÇEBELER EPEYDİR GÖÇEBELER — 252
- CEHENNEM BİLETİ — 256

AŞK BİZE KÜSTÜ (1997) — 259

- AŞK BİZE KÜSTÜ — 261
- ESMERLİĞİMİ SOYUNDUM — 264
- SAKLA YAMALARINI KALBİM — 265
- TEĞET — 266
- YAKARIM GECELERİ — 267
- İKİNİN ŞİİRİ — 268
- SESİ KALDI — 269
- DEFOLU ÇIKAN HAYAT
- VE İYİ YÜREKLİ ÇOCUKLARIN SERENCAMI — 272
- BİR LİSELİ SİLUETİ — 279
- VUSLATA KALSIN — 281
- MAYIN HATTI — 285
- UMUDA MEYİLLİ KEDERE MECBUR — 287
- SİVAS'I UNUTMA ŞİİRİ — 291
- YAŞAM HIZLA — 293
- SENİN İÇİN — 294
- KURTULAMAZSIN — 297
- ŞERİF ALİ BEY NOSTALJİSİ — 298

YENİLGİM BİR GÜL OLACAK 302
GÜNLERİN BULANIK SULARINDA 305
ASLOLAN HAYATTIR 310

ÇALINMIŞ BİR MAHŞER İÇİN AHVÂL (1999) 311
KALBİMDE HAZAN 313
DAĞINIK GAZEL 317
ÇALINMIŞ BİR MAHŞER İÇİN AHVÂL 321
SEYRANTEPE'YE
KARPUZ YÜKLÜ KAMYONLAR GELİR 338
YİNE DAĞDIR DAĞ 340
BİR KENT BİR SEVDA 346
YÜZDE YÜZ/SÜZLÜK YENİ BİR YÜZ 357
KENDİNE BENİM İÇİN BİR GÜL VER 362

EY HAYAT (2000) 365
EY HAYAT 367
O ANALAR O ANILAR O YILLAR 370
KUŞLARIM VURULDU 373
BİR AŞK BİR YARA 377
OKUR OLSANIZ NE ÇIKAR ŞİİRLERE 377
HERKES ÖLÜR ÖLÜMÜNÜ 379
SEN ATEŞ OL BEN YANAYIM 382
EY ŞEHİR 383
AŞKIN BİLANÇOSU 385
KİM/SE/SİZ 388
İYİ Kİ BU DÜŞTESİN 389
HER MEVSİM BAHARDIR 391
MARTILARLA RANDEVU 392
KİRALIK KEDER 399
DAĞLARDA ÖLMEK İSTERİM 400
GÜNLERİN YAKASINDA ELİM KALACAK 401

BUĞULU ATLAS (2002) 403
PERVARİLİ BULUTLAR 405
ZÜLEYHA 408
GÖZLERİN GÖK/YÜZÜNDE BİR DOLUNAY 409

BEN BİR ERKEN AKŞAM	412
DAĞLAR DAĞILDI KENTLER YENİLDİ DİYORLAR	413
ALLAHIN ÜVEY ÇOCUKLARI	417
GİTTİĞİN YER	420
HER ŞEY BURUŞTURULUR	421
BUĞULU ATLAS	423
MÜNZEVİ	428

BANA YASAK SÖZLER SÖYLE (2014) — 433

BİR SERÜVEN Kİ HAYAT	435
SIZIM	436
YEZDAN	437
BANA YASAK SÖZLER SÖYLE	439
AŞKTIR BENİM DE YANDIĞIMDAKİ	440
ROBOSKİ	444
ÖLÜ YAZILAN ÇOCUKLAR	445
YENİLDİM ŞEHİRLERE	446
İSTANBUL'UN SAÇLARINA KAR YAĞIYORDU	447
HİÇBİR AĞIT YOKLUĞUNA DENK DEĞİL	449
GURBETİN AŞK OLSUN SENİN	451
BİR BULUT ORADA HİÇBİR ŞEYE AĞLADI	453
KENDİMİ ÇOK ÖLDÜRDÜM	454
U/MUTSUZ YURDUM	455
TENHA KIZLAR	457
ÇOCUKLAR ERKEN ÖLÜYOR	459
NERUDA'YA NAZİRE	461
HÜZNÜME SUÇ ORTAĞI ARIYORUM	465
SÖZÜN DURUYOR	466
KURTARMAK İÇİN ANLAMI	467
EPİLOG	469

Ek:

Yılmaz Odabaşı ile Şiir ve…	471
Bütün şiirlerimin yayınlanması hakkında	477
Yılmaz Odabaşı ile söyleşi	482

SİSTE KALABALIKLAR

(1980-1984 şiirleri)

1. Baskı: Ekim 1985, Toplum Yayınları
2. Baskı: Mart 1991, Gölge Yayınları
3. Baskı: Şubat 1996, Doruk Yayınları
4. Baskı: Şubat 1997, Doruk Yayınları
5. Baskı: Ocak 1999, Cem Yayınları
6. Baskı: Mart 2000, Scala Yayınları

Not: Bu kitabın 2000 yılından itibaren yeni baskıları, 1980-1990 yılları yayınlanmış ilk beş şiir kitabının bir araya getirildiği "Konuşsam Sessizlik Gitsem Ayrılık" adlı (Bütün Şiirleri: 1) kitabıyla, 2015 yılında ise "Her Ömür Kendi Gençliğinden Vurulur-Bütün Şiirler (1980-2014)" kitabıyla birlikte yapılmıştır.

AKŞAMDIR

Suları
boğdu
dalgalar.
Ses hoyrat,
sevinç yılgın,
şakaklarım sonbahar.

İklimi kurak aşkların.
Yapışmış tenime ter, elime kir;
sessizliğin ortasında bir deli rüzgâr...

Akşamdır
avuçlarında Marmara'nın.
Akşamdır, şiire karıştı sular,
sularda çoğalır sevdalar;
ellerim
ah
ellerim,
nasıl anlatsam
gece...
Gece kokuyor çocuklar.

SAVRUL GEL

Ilıklığımı seriyorum gökyüzü çıplaklığına bölüş gel.
Dola gel saçlarını sabahlarıma.

İner yol, sokulur gece uykularına bozkırların;
yolları ve uykuları tüket gel a gülüm savrul gel,
soluğuna sarıl rüzgârlarımın...

Beni böyle darmadağın uykularda buluyorsun.
Üşüyorum sarıyor, seviyorum gülüyorsun.
Beni böyle temmuz sabahlarına dolayıp gülüşünle,
gölgelere... Gölgelere koyuverip gidiyorsun.
Dön de gel a gülüm sırılsıklam sevdalara dol da gel!

Şu benim yosunsuz, kumsalsız kıyısızlığım;
ak da gel, ak da gel!

Darmadağın akşamlarda umutlar bulacaksın,
sırılsıklam hüzünlerde öksüz sevinçler;
karanlığı tüket a gülüm umutları topla gel...

HAYAT
GÜL KOKULU BİR SAĞANAK YİNE

Gözlerimin önünde ıslak dağların kabaran yalnızlığı.
Ne varsa uçurumlar eşiğinde,
hüzünlerle yalpalayan ne varsa
gözlerimin önünde
ve hayat gül kokulu bir sağanak yine.

Bir şeyler anlatmak istiyor hayat
ve alıp götürmek bir şeyleri kurt sofralarına.
Gün batıyor,
bukağısı paslı bir sevinç oluyor yalnızlığım.
Unutuyorum sevgilim suretini;
durgunluğum "niçin" di unutuyorum...

Gün batıyor ürkek yıldızlar dolanıyor yalnızlığıma.
Umurumda değil ne bu yağmur ne ayaz
ne de bu kerpiç kokusu havada;
unutuyorum, sabaha kadar, gün batıyor.

Geciken sabahlara koşuyor kuşlar
gözlerimin önünde
ve hayat gül kokulu bir sağanak yine...

SİVEREKLİ ŞEYHO

Sokulsan rahmanların Şeyho dağ rüzgârı kokardı;
Öpsen kıl'dı Şeyho, koklasan duman.
Bilmezdi şalvarının renginin neden değiştiğini
ve kentte duvar yazılarının neden eksildiğini...

Siverek ovasına akşam inerdi;
Şeyho, avluda tütün sarardı geceleri.
Sorsam birilerine:
"-Şeyho ne bilir!" derdi.
Oysa
o,
bildiği kadar
ve bildiği gibi yaşardı
ilkmayıs sabahlarının güzelliğini;
bozkırı,
yağmuru
ve nal seslerini...

Daha çınlar kulaklarımda bir buruk ezgi;
öksüzlüğümdü kuşatılmış Siverek geceleri...

TANIK ŞİİR

Gün devriliyor kalbim,
yaralı bir kuş gibi soluyor hayat...

Kaldırımlarda morarmış bir acıya
gün
devriliyor;
dostlar ayakta!

Çocuklar da üşüyor Ortaçağlı acılarda,
biliyorum yıldızlar da üşüyor...

Bu sokaklar bahar çağıltıları, bu evler ağıt.
Yollarımızda zamansız bağbozumları,
göçebe uykularımızda puşt tuzakları
ve aşiret çadırlarında ayran çorbalarına konukluğumuz
ve sıra sıra kara kara-
lı dağlar yollarımızda...

Olur ya, küllenir böğrümde bu ateş.
Yüreğimde hapishane sabahlarının tutuklu tadı;
kahraman sevdalar için konuşurum.
Günlerin kuytuluğuna akşamlar iner,
avuçlarımda yağmur sonrası toprak kokulu yalnızlığım;
toz
ve
ter
bir
yürek
ve
soluk
soluğa
morg kapılarında unutup arkadaş seslerini,
sert esip savuran rüzgârlara karışırım...

Ömrüm,
dol
renge,
çiçeğe
uğultuya...

Beynimde binlerce güvercin kanat çırpıyor
ve beynimde yalınkılıç bir sevda...

Usul
ve sessiz
devrilip gitti gün;
dostlar ayakta!

Yalnız yüreğim üşüyor böyle uzaklıklarda;
biliyorum yürekler de üşüyor...

Bir gazete alsam şimdi, bir yağmur başlasa inceden;
bir sigara,
bir daha;
gün
devrilip
gitti
dostlar ayakta!

Kaldı...
Emanet kaldı bana gözlerin senin.

Ve yürüdüm, ellerini tuttum sesin, sessizliğin,
bir de şiirin.
Ardında kan lekeleri bırakan hayatın ellerini.
Gece dalgalar gibi kabarıyordu;
gece soluğunu katıp sesime,
öksüz çocuklar gibi gülümsüyordu...

Şimdi sokaklarda moraran yüzü korkunun.
Sevgilim, çöz bu yasak akşamlarda düğmelerini.
Dışarıda siren sesleri, dışarıda gece devriyeleri.

Nasıl anlatsam bilmem ki
acıya kefen biçilmiş gençliğimi...

/Benim susamışlığım yazacak
Aşkın ve acının tarihini.../

DELİ YÜREKLİ BAHAR

Alıp başımı gitsem, bu yüreği salıp gitsem,
dolanır ayaklarıma
yalnız yetimlerin söylediği şarkılar.

Kalsam, küçültülür bu yollarda adımlar
soluğumu gölgelere salarlar.

Üstümüzde mavi yağışlı bahar;
hapishanelere bıçkın bir sabah doğrulur utanmadan.
Sessizliğin potasında büyür acılar.

Gitsem, çoğalır gençliğimi savuran rüzgâr.
Gitsem, çağırır beni güvercinler, bulutlar
ve orada ıslak saçlı, deli yürekli bahar...

PUSUDA YALNIZLIK

Karacadağ,
yamaçlarında kardelen çiçekleri
her bahar umuda rengini verir
ve her bahar,
Dicle'de ak köpüklere üşüşür papatyalar.

Siverek,
hayata vurgun, yürekli yiğitleri
ve sabahlarının eteklerinde ter taneleri.

Orada tüfekler yağlanır kerpiç damlarda;
türkü kaçak, tütün kaçak,
kaçak çay buğulanır şavkı vurur mağlara
ve korku ve umut ve can pusuda.
Pusuda yalnızlık...

Karacadağ,
önü Diyarbekir'dir.
Ben hüznü avuçlarken ora mapuslarında,
bulutlarla yalpalayan rüzgârları resmedip,
bakıp bakıp iç çekerdim doruklarına...

Karacadağ,
patikalarında ceylan ölüleri
ve bakır renkli göğüslerimizde görkemli güneşi,
yollarımızda ayaklarımıza batıp çıkan devedikenleri,
özlemler biraz uzak, biraz diri;
bekleyişlerde alçalıp yükselirken köpük köpük yalnızlık...

YOLLARDA BÜYÜTTÜĞÜM ŞARKILAR

Yirmi kırkbeşte Bursa Gazcılar Caddesi'nde
ay dilimlenmiş kavun gibi gülümsüyordu;
öptüm bitli sevgilimi pörsümüştü dudakları,
saçları çam kokuyordu.

Gözlerinde şafakların ışıklı tadı,
gökyüzünde kahraman sevdalar.
Yürüdükçe yaktığımız ateşler büyüyordu.

Yirmi ellide Gazcılar Caddesi'nde,
gecenin terli göğsünde bir deli rüzgâr.
Yapraklar toz, sevmek keder,
Uludağ kestaneler, karlar içinde;
yollarda insanlar ayrılıkları sayıyordu,
yollarda sokak köpekleri çiftleşiyordu.

Yağmurlar çiselerken
yorgun avurtlarına yolcuların,
ne çok şeyi yazmamıştı kitaplar;
o,
biliyordu...

Yirmi ellibeşte Gazcılar Caddesi'nde,
kalplerimizde telaşlı sirenler çalıyordu;
öptüm bitli sevgilimi pörsümüştü dudakları,
saçları ben kokuyordu.

Yirmi ellisekizde Bursa terminalinde,
paslı bir yalnızlıktı avuçlarımda,
ardımda bir yürek yükü rüzgâr;
ne zaman sevmeye dursam
doğrulup çoğaldı ayrılıklar...

Yirmibirde
merhaba
yollarda büyüttüğüm şarkılar!
Merhaba
aşkların sırat köprüsüne yolcu turnalar...

SUSKUNLUK
VURGUNDUR GÜNBATIMINA

Suskunluk
vurgundur
günbatımına;
önce bir çığlık karışır bozkırlara,
suya iner ceylanlar,
ışık da, ses de gömülür suya.

Böyle her akşam
günbatımında,
"offf" derim öbür ucundaki ırmaklarına dünyanın,
öbür ucundaki şarkılarına
ve gülmek,
o saat
çığlık çığlığa bir ezgidir dudaklarımda...

VAR GİT ARTIK

Buralarda gece uzun,
gün ışığı yakındır;
var git artık, bakma ardına,
ölüme fazla sokulma ama...

Düşün ki
mevsim rüzgârlarının savurduğu
bir orman insan.
Sev onu, sokul, konuştur;
doludur, fazla üstüne varma...

Hep susmak
susmak, yetmiyor bazen,
işte bu yüzden
bütün ışıkları yanmalı yeryüzünün;
ozanlar her şeyi anlatmalı.

Var git artık
acıyı aşındırma.
Tut ve at sevdaya uzanan çağlayana...

GENELLEME

Arınıyor, deviniyor gökyüzü;
toz
ve ter karışıyor hayatıma.

Çekil git bölünüp dağılan,
eksilip savrulan ne varsa!

Merhaba doğrulup dirilten yanım
ve deli yürekli dizelerime biriken çığlık;
merhaba uğultusu rüzgârların
bahar akşamlarında...

Arınıyor, deviniyor gökyüzü,
akıyor zaman;
sevdalar karışıyor hayatıma...

YURTSUZ ŞİİRLER

(1985-1987)

1. Baskı: Nisan 1987, İz Yayınları
2. Baskı: Mart 1989, Med Yayınları
3. Baskı: Mart 1990, Gölge Yayınları
4. Baskı: Ekim 1994, Öteki Yayınevi
5. Baskı: Mart 1998, Cem Yayınevi
6. Baskı: Temmuz 1999, Cem Yayınevi
7. Baskı: Mart 2000, Scala Yayıncılık

Not: Bu kitabın 2000 yılından sonraki baskıları "Bütün Şiirleri, I. Cilt" ile ve 2015 yılında "Her Ömür Kendi Gençliğinden Vurulur-Bütün Şiirler (1980-2014)" kitabıyla birlikte yapılmıştır.

KONUŞSAM SESSİZLİK GİTSEM AYRILIK

Resmin rehindir gurbetimde.
Gurbetimde sesleri aşındırmış kimliksiz bir kasaba
ve senin kederini ıslatan o yağmurlar rehin...

Alnı özlemle dağınık bir akşam getirdim sana.
Sar, büyüt ellerinle, konuk et sıcaklığına;
konuk et, kanatları kanatılmış kuşlar getirdim sana.

Ve akşam, bir kez daha;
saçlarını topla ve dağıt sesini rüzgârlara.
"Bir of çeksen karşıki dağlar yıkılır":
Çekmiyorsun!

Akarsuları imrendiren yüzün de,
sabahçı kahveler de biliyor
görüşmeyeli yorgunum
yıkık kentler kanadı sevinçlerimle.
Görüşmeyeli ya sen nasılsın,
adım, adresim durur mu defterinde?

Şimdi Siirt'te koyun kokan bir gecedeyim.
Beynimde iklimsiz papatyalar
ve kuşatılmış bir akşam duruyor penceremde.
Sokakların gün batınca neden boşaldığını
ve yüreğimin neden kabardığını bilmiyorum.

Konuşsam sessizlik/ Gitsem ayrılık...

Sonra kıpırtısız yasladım göğsümü bu boğulmuş güne.
Al bu çağrıları sulara göm, o uzak sulara,
gurbetini rehnetme özlemimde...

YOKSA YÜZÜMÜZ PASLANACAK

Bir uğultu ummanı işte akıp gittiğim, bana biraz su verin. Her gece yatağını ıslatan ve matematik bilmeyen çocuklar gibi büyüdüğümü biliyorum; babalar eksik, çocuklar ıslak...

Esmerliklerini ve öpüşmelerini ak döşeklere taşıyor kadınlar; duâ ediyor kimileri, tenlerinde lekeler... İşte akşam ve kir aynı hızla büyüyor, eli kınında deliliğimin. Bu gece, bu kentte, bu kederle bana biraz su verin; yoksa yüzümüz paslanacak!

/Sizin yüzünüz paslanmış bu nasıl Anadolu?/

Biz o bildik coğrafyada kalalım. Bu merhaba, rengi güzel, işte oralarda kalalım. Bir yere kaçmasın kavgadan ellerimiz; sesine bir Anadolu kat, gülümsemeyi somurtma.

/İnsanlar bir gün tanrıları unutur belki;
ama insanlar sevişmeyi unutursa
yüzümüz paslanacak.../

Ellere ne: bu sevmek, bu koşmak, bu coşmak benim! Şiir yazıyorsak, şiir yazalım. Kentler yağmalanıyor usulca dağlara yaslanalım; yoksa yüzümüz...

Sevgilime önce ellerimi tutmayı öğretiyorum. Ellerimi tut sevgilim yüzümüz paslanmasın.

Bir şiir yaz yaylalara salalım yoksa bu nasıl Anadolu?

/Sizin yüzünüz paslanmış bu nasıl Anadolu?/

**SAVRULAN
SOKAKLARINDA ÖMRÜMÜN**

Güldükçe
gün
devrilir gözlerinin akşamına.
Gecedir, bir rüzgâr getirir ellerini;
öperim, kimseler görmez.

Dallar ıslaktır ay ışığında...

Adın sonbahar yüzlü bir çocuk,
ömrümün esrikliğine dolanır gelir.
Bu kentli akşamlar sanıktır, kanatır yokluğunu.
Sesin sessizliğimde çoğalır gelir.

Dallar ıslaktır ay ışığında...

Gitmen bildiği gibi konuşuyordu, bensiz...
Belki bir kış güneşiydin kim bilir,
belki kimselerin uğramadığı bir güz çınarı;
kalakaldın tenhalığa gölgesiz...

/Ve şarkın kanayan bir gül gibi iner
savrulan sokaklarına ömrümün.../

TERSİZ BİR KEDER

Dün geceyi çürüttüm,
boğdum boynumdaki o ilmeği de.
Artık kederlerden damıttığım sevgi örselenirse,
unuturum konuşmayı zor tetiklerde.
Ne çok ünlemiz saçlarına gün ışığı emziren bu kentlerde.

/ZORLA ALINMIŞ BİR ÇİNGENE TEFİYLE NE SÖYLENİR Kİ?/

Yine de o ıslak hüzünlerde özne değilim.
Hem kan kaybeden kanamalı bir ben miyim ki?
Önce yanıtsız sorular çarpıyor şakaklarıma,
sonra dağlar çağırıyor beni uslanmaz anılarla.
Islak fişekleri kurutan bu şarkılar,
aylak ve gezgin büyüyor içimin tufanında.

Artık bu gözü sulu kentler unutmalı ağlamayı.
Sevgilim hoşça kal, sevgilim iyi geceler.
Unutma, pencereyi kaparken tersiz bir keder
ve biraz ülkesiz rüzgârı içeri doldurmayı...

GÖÇEBE AŞKLAR
TAKVİMSİZ AYRILIKLAR

(Konuştum,
yerli yerinde kanadı konuştuğum;
adını susmak koydum...)

Ayrılıkları tarih düşürdüm gözlerime.
Ardımda alev alev mülteci yalnızlığım
ve tarih 'ölümdür' dedi bir cellat,
ak yeleli tayları dağlarda kuşatarak.

Yaslasam başımı geceye kan kokacaktı,
okuduğum kitaplarda eksik kalan bir şeyler.
Her akşamda bin özlem:
Savrulan...
Her adreste bir kimlik:
Unutulan...

Şimdi
ah
desem,
geceyi ertelesem,
ertelenemez hayat.

Bu acı da yaşanır, ertelenemez
kalabalıklar, merhaba kalabalıklar,
kalabalık yalnızlıklar...

Dediler şavkını düşürdün suya,
belân karışır toprağa;
sese, ışığa
ve şarkıya.
/Deşmez mi acıyı o ses?/

Aykırı bir uzaklığım, konuşmayı unuttum.
Bozbulanık gecelerde sevişmeyi unuttum...

/Yeter ki yasaktaki tadı kuşanıp,
yenibaştan...
O yasak özlemleri giyin gel,
yenibaştan!/

Şimdi göçebe aşklar,
takvimsiz ayrılıklar.

Artık adın bir ayrıntıdır;
mevsimler eskidi, eskidi yollar.

Beklemeyi unuttum...

YANIM AĞLAMA

-Behçet Aysan'a...-

Beni boğmaya yeltenen bütün suları boğdum;
Boğulmak şimdi çöl susuzluğunda...

I
(Gelin, büyüyelim... Büyüyelim, o büyümek bitmesin!)

Baktım ki hepiniz gebesiniz o dölü dal budak kahrı doğurmaya büyürken. Her gün yorgun aşarken omuzlarınızın üstünden, bizim de ağlayan bir yanımız vardır dedim, yanım ağlama.

Sonra sularla büyüyüp gürleştiniz ışık pencerelerde ve terleyerek kaldınız gecenin ilmeğinde...

II
Gecenin ilmeğinde görmemektiniz gözleriniz kapanmasa da. Oysa namlu yürekli adamlar kaldı dağlara. Avlandılar, soldular ve dağ, düşürdü adların göğüslerinden.

Ölüler morglara, morglar kentlere kaldı; yanım ağlama.

Bu yüzden daha kendimin kendini kemirdiği bir yerde, dünyanın da kendini kemiren bir yerindeyim.

Nereye dönsem?
Dönemem!
El vuralım, yüz sürelim, diz kıralım sevdanın ak deltasına...

III
(Az önce akşam geldi iliştirdim bir yanıma. Sonra herkes geldi. iliştirdim her yanıma; yanım ağlama...)

Onarılmaya büyüyorum ve bu kentte her gece bir yangından söz ediliyor. Onarılmayı saklıyorum; çünkü orada iğnem, ipliğim ve yanmış, sökülmüş yerlerim.

IV
"Aşk" diyordum, yeniden! Yeniden, bir sağanak gibi, apansız geliyordu... Bir firari, 'alnına kanayarak sürdüğün aklığı koru!' diyordu.

(Birileri bu şiire ısrarla giriyordu.
Birileri bizi terk eden aklığı koruyordu...)

V
Ağlamamayı dayatıyordum; sen, o en büyük ağlamayı uzattın bana. Eğilip aldım...

Odalardan çıkıyordum, uykulardan, Şubatlardan ve kitaplardan. Uygun adım yürüyordum en dağlı dumanlara. Yeryüzü öyle ağırdı ki omuzlarımda.

Yoksa düş ölür;
düş ölür-
se sevda düşer; yanım ağlama...

VI
Eskiyim, yorgunum sevgilim; eskimiş, aşınmış kalbim. Gül biraz gül ve beni akla! Yoksa nasıl çıkarım bu şarkılara, bu kitaplara; yoksa nasıl yoksa bu ışıklı, rüzgârlı kapılara?

Biz kapılara: kan kapılara!
Bilmem kaç yanardağ büyüyor ömrümün sularında; uykusuz, dağınık yüzüm ey, savruk, kanamış yanım ağlama...

VII
Düşer.
  U-
    çu
      rum-
        lar
          da
            düşer!

D ü ş m e m e k   g ö r m e k s e ,
g ö r d ü ğ ü m   d ü ş m e d i ğ i m s e ;
b ü y ü y e l i m ,   b ü y ü y e l i m ,
o b ü y ü m e k   b i t m e s i n !

/Bitmeyen yanım ağlama.../

CİZRE YOLUNDA
GÜNEŞE BAKAN ASKER

Kuşatılmışlığa kar yağıyordu,
toprağın mayınlı şakağı ürkek
ve sabahın yeni renginde bir asker,
Cizre yolunda güneşe bakıyordu.

Herkes bir dünya konuşurken dilinin yordamıyla,
en önce aşklar bitiyordu Cizre yolunda;
sonra cıgara paketleri ve sofralar,
çocuklar ergenliğe bitiyordu...

Kar beyaz, bembeyazdı morarmanın dilini bilmiyordu;
Cizre'de havalar o gün ayazdı.
Neredeydi o alabalık sürüleri, turna katarı;
nerede bulurduk anılarla avuttuğumuz
ve karlar gibi eriyip yiten baharı...

/Cizre yolunda güneşe bakan asker sesini nerede bulur?/

Özlemler biraz kalsın, bırak.
Bırak, her özlem önüne bir yol bulur.
Sen de o fısıltıya savrulma asker,
Cizre ellerimize, hayat düşlerimize yeter...

YAŞANANI ANILAR KANATIYOR

(Sabırla adımızın kesiştiği yer neresiydi?
ünlemlerden hayatımızı ayıran neydi?
Hecelenerek tükenebilir o en büyük yıkımlar
ve usulca bitebilir en uzun yolculuklar...)

Yollar mı?
Israrla büyüyen bu uçurumlar.
Doğrulan ne ve de artık boğulan neydi?
Kentleri dövmeliyim yüreğimin örsünde.
Ben bu sessizliği büyütemem yüzümde!

Fotoğrafım mı düşen kimliğimden, adım mı?
Suçluyum,
geçmiyor dağlara hükmüm kentler gibi suçluyum!

Sesim sürükleniyor bilinmez iklimlere,
sırtımda kendini kanatan hançer.
Aşklarım sınanıyor acıların örsünde...

Yanlışları sormalı...
Yoksa yanlışlar vuracak doğruları.
Anıları sormalı
ki onlar susmayı hiç bilmiyor.

/Gel, yanıtım ol, beni anlaşılır kıl;
yaşananı anılar kanatıyor.../

KIRIP GEÇEN GÜNE ŞİİR

Konuşuyorum kendime artanını al.
Dar odalara sığıyorum geniş yürekle,
uzun yol biletleri buruşuyor ceplerimde.
Ağrıdıkça ağrılı dağlar gibi yetiyorum kendime.

Yetiyorum kendime, artanı yok.
Artanı ışığına gölge düşmüş gülüşe.
Artanı üçüncü sınıf bir otel lobisinde öksürük seslerine
ve dişleri sapsarı bir kadınla her gece
çirkin merdivenlerden kirli nevresimlere...

Bir de ben her ışığa savrulup gökyüzünün altından,
yolların üstünden geçiyorsam,
yine de bir şeyler kalıyorsa günün serinliğine;
şairim, kabarık yanıtıyım hayatın,
bir şeylere çok ölüp çok ölüp duruyorum.
Bir de günleri kilitleyip örtüyorlar üstüme...

/Konuşuyorum işte, artanını al.
Susuyorsun...
Susuyorsun, artanını ver artık!/

VURGUN

Sustuğun
yerlere
sesimi,
haykırdığın
yerlere
yüzümü
taşımaktan
yorgunum...

Ben bu rüzgârlarda savruluyorum;
sen, hangi rüzgârlara ey uçurum çiçeği?

Hep "mevsimler" diyorsam,
bunlar kirli mevsimler; üşüyorum, ellerini ödünç ver.
Sus, söndür küllerime sokulan bu yangını.

Bilmem ki kaç bin damla gözyaşına akıyor ömrün;
bin kaçını ödünç ver...

Sustun;
sustukça çoğalan boşluğa vurdum.
Sonra bir uçurum ıssızlığı kadar dalgın
ve yorgun.

"Yalnız kentler" diyorsam,
sen de kentler gibi yalnız ve baştan sona günahkâr.
Günahına ey uçurum çiçeği, günahına vurgunum…

YURTSUZ ŞİİRLER

I
Bir nöbet gecesi de ölünebilir bu ülkede
ya da el ayak çekilmiştir,
katliam gizlidir akşamın yedeğinde.
Bir sokak aralığı veya mülteci sessizlikte;
sömürgemin kapkara gözlerinde ölünebilir.

Çömelir, buruşuruz;
biz şimdi ölsek, en fazla çaylar soğur bu kahvelerde.
Şiirler dökülür o eşiklere kürsüler soğur...

Saat kaç diyorum, gazete aldınız mı?
Ha Erciyes, ha Ağrı, Karacadağ ne fark eder;
ama ölüm ısrarla güzelleşiyor bu ülkede çocuklar,
                              [üşüyorum, gazete!
Üşüyorum, o papatyalar baharsa kavuşur iklimine.
Üşüyorum, özlemimi ver Diyarbekir...

II
Daha hayat yağmalanıyor yeni bir çağ arifesinde.
Sıradan bir akşam herhangi bir nedenle
kıyım rengi veriyor geceye.

Ses verdi yüzümü döndüm dağ kokularıyla gelen yele.
Baktım ki salınmış ömrümüz hükümlü türkülere.
Hükümlü türkülere...

Anlamıyorlar, biz yoksak gökyüzü çıplak kalır.
Albümlerde gülümser hükümlü suretleri.
Kentleri susuşlar kanatır...

Bizi gömmeyin,
susmaya gömülmeyin!
Susmak, yanılsamadır...

III
Oysa dağ,
vursa kahrını sırtıma,
ölümü oraya gömün derim.
Dağ bu, neleri barındırır, neleri.
Derindir dağlar derin...

Sığmamış kasabalı akşamlara ömrümüz;
aşa, işe ve töreye sığmamış
ve dayatmış yurtsuz konukluğumuz,
seher yelleriyle savrulur genç ömrümüz...

/Ölüme de tilili.*
Tilili ölüme de ömrümüz.../

---

* Zılgıt

IV
Günler ihanete, saatler hüzne ayarlı.
Her akşam sofrasında yağmalanır türkümüz.
Yenilmeyiz ve boğulmaz içimizde kıyılar,
acıya ve sızıya akar ömrümüz.

/Başlanabilir bu yurtsuz şiirlerle
soykırımlarla anılan bir tarihe.../

GÜNE DÖNERSİN

Garına ve akşamına varmamış bir trenle,
yolcusun, özlemin, kimliğin
ve arka cebinde terlemiş biletinle.

Sen iki ömrü törpülerken sevgilim
ve sürdürürken o civan ısrarı kederinle,
tut ki nice trenler kalkacak dünyanın her yerinde;
sonra da biz kalkacağız/topla kendini...

Şimdi elini tutuşum bir anıdır/Sen, güne dönersin.
Tren usul usul gelir, azar azar gidersin.
Ben de burada özlerim rengini yüzüne yazdığım bir çiçeği.
Onlarca, yüzlerce, binlerce bölünmüş kanıyorsun
topla kendini...

Ve hüzün kara bir bulut gibi çöküyor gözlerine.
Ötede güz çöküyor üstüne yaz mevsiminin.
Her mevsimin tükenişi intihar çağrıştırırken bende,
güz hep aynı iklim yara yerimde.
Git, uzaklığa dolan yol gibi dol hasretime...

AĞIRLAŞARAK AĞLAŞARAK

Gül ya da kan, yaşıyorsam,
işte dönüp bu talan evlere, savrulup susan küllere;
eksilip ağırlaşarak, ağlaşarak.

/Yanıma yöreme sokul gerçeğime düş de gör.
Yağmur iner, gök gürülder sen beni gidişte gör!/

Sana sılam diyorsam,
sılam, ürkek bir serçe yüreğinde de vardı.
Diyorsam, deştiler bağrımı yüreğim kaldı.

/Sılamda o dağları da ülkem bilmişem,
dolanıp namlulara yürek germişem;
zorluyam, yangınam, ilktir sevmişem!/

Bu yüzden uğruna çok öldüğüm sabahlar, yaralıdır.
Gençliğim darmadağın bir ilkyaz tufanıdır.

/BU SEVDAYI KURDA KUŞA YEDİRTMEM!/

AYNI GÖĞÜN EZGİSİ

(1987-1989)

1. Baskı: Ekim 1988, Cem Yayınevi
2. Baskı: Kasım 1994, Öteki Yayınevi
3. Baskı: Eylül 1998, Cem Yayınevi
4. Baskı: Ocak 1999, Cem Yayınevi
5. Baskı: Mart 2000, Scala Yayıncılık.

Not: Bu kitabın 2000 yılından sonraki baskıları "Bütün Şiirleri (Konuşsam Sessizlik Gitsem Ayrılık) I. Cilt" ile ve 2015 yılında "Her Ömür Kendi Gençliğinden Vurulur-Bütün Şiirler"i kitabıyla birlikte yapılmıştır.

SANA YAĞMUR DİYORUM

Gidersen hani sığınaklarım?
Eksilir, zarar kalırım...
Kalırım!
Yeni günün tenine dağılır yaralarım.
Sana yağmur diyorum...

Uzun boylu umuttun,
tadında unutuldun.
Nerde büyük uçurumların,
kış suların, yaz uykuların?

Sana yağmur diyorum ıslaklığım bundan.
Yağ da ıslanalım ama uslanmayalım,
uslanmayalım!

Gün, vursun yükünü gecenin hırkasına;
yol, vursun sesini uzaklığın pasına.
Sesime kibrit çaksan tutuşacağım.
Sargısızım, çoğalırım, çoğaldıkça arsızım.

Sana yağmur diyorum...

En haklı aşk,
alkışsız sürebilendir
ve en haklı kavganın öznesi,
ölmemek için dövüşürken de ölebilendir.

O an...
İşte o an,
ey bizi ayrı takvimlere düşüren zaman,
yere bir bahar dalı düşmüş gibi mi olur?
Sıradağlar mı tutuşur bağrının orta yerinde?

Yeter, kan sıçratmayın sabahın seherine.
Boğulursunuz... Boğulursunuz!

BİR KIRIŞIKLIĞA KAYIT

Bitlisli bir er sesine bir biçim yakıştırır.
Mutkili bir rüzgâr, bir dağ duruşu belki de.
Günün dolduğu yere savrulur ve solduğu yere.
Solduğu yere sular, maviler yakıştırır...

Bitlisli bir er nereye gitse,
oraya bir parça Bitlis karıştırır.
Taze bir seher belki de
ve hasret, paslı bir şarap gibi yüreğinin içinde.

Bitlisli bir er yüzüne bir anlam yakıştırır.
İnkâr dolanır sesinin bedeline.
Ömrü bir kırışıklığa kayıtlıdır;
yiter, gider bir türküde...

Bitlis'te ay yine hep o bildik ay.
Ay'a bakar, ay taşımaz Bitlis'i bizimkine.
"Bir yiğit gurbete gitse": Gurbet,
gitmese nere?

Bitlis, teninde bir diyet taşır.
Ne seste biçim kalır ne yüzde anlam, ne beş minare!
Ve büyür
büyütüldükçe,
saç diplerinde gömülmeyi bekleyen ölümlere...

AŞKIM, ŞARKIM

(Orada bir aklık;
aklıyorum, aklıyorum bitmiyor!
Yazıyorum anlatmak, anlıyorum anlamak,
sarıyorum kanamak, özlüyorum aramak,
büyüyorum çoğalmak
bitmiyor!)

Ay doğar, gece uçurum gibi gelir. Yanarım...
Aklıma küller gelir.
Ey kül, kalmaksa kalmanın,
ama ölmekse ölmenin rahmidir yerim, ölmekse!

Dediler onlar da öldüler, kansızdı hançerleri.
Şimdi günlerin menzilinde, hançerleri kınındadır.
Kirletip atmışlar uykuyu
gözleri ve sakalları hâlâ gülümsüyormuş.
Vur emriyle adları ajans bültenlerinde,
generaller ödül koymuş cesetlerine...

Ay doğar, gece uçurum gibi gelir.
Doludizgin tayların yeridir yerim,
orada işgâl teni toprağın;
susarsam düşerim, ıslatır toprağı terim.

Oysa ben feodal törelerimi s(atıp) da girdim bu kente.
Attılar ömrümü çeklere, senetlere ve dipçiklere.
Bakmaktan yorgunum hayatın teninde kirli sivilcelere.

Ey dağlarım, ey rüzgârım, âşkım, şarkım beni gel kurtar.
Her yağmura savrulan ıslak kanatlı kuşları kurtar!

Ay doğar, gece uçurum gibi gelir.
Ben bir hırçın ozanım, sizi buradan kovarım,
kovulursunuz! Aşklarımı açıklasam büyürüm ufka karşı,
açıklasam suçlarınızı ölürsünüz!

(Açıklasam ey bütün hutbeleri, mevlitleri ve en azgın yaraları bu kentin! Kirli ışıkları, beyaz tokalı kızları, ateş konuşan militanları, bulvarları, barları, "parça gösteren" sinemaları, esnafları, eşrafları, oofff 'ları, sevgi tüccarları, ihanet ihraççıları, sabah çorbacıları, voltadaki mahpusları, muhterem memurları, futbol mecnunları, gözleri mahmurları, kan kaybeden aşkları...)

Açıklasam,
vergiye tâbi viziteler,
alkol ve kan kokan geceleri bu kentin!

Biz bu kentlere girince görmüyorsunuz,
gölgeleri, ışıkları bilmiyorsunuz,
b(akıp) günün ortasında gözlerinize
kendinize bizim kadar ölmüyorsunuz...

Ey dağlarım, ey rüzgârım, aşkım, şarkım beni gel kurtar!

Ay doğar, gece uçurum gibi gelir.
Uzaklarda uzun yol şoförlerinin yollara saçılmış gözleri,
uzak sevgileri, hazin üşümeleri
ve bu kentin bir ülkeye özleyen perşembeleri.
Topraksızız da topraksız,
şimdi hangi toprak saracak ölüleri?

Ay doğar, gece uçurum gibi gelir.
Aklıma notaları kurşunlanan şarkılar,
kurşunlarda yanık kokan türküler gelir...

Ben bu kente girince efkâr kokar.
Bir sarhoş bu kente kusar.
Kendi kokmayan kadınların etekleri rüzgârlardadır.

Ben bu kente girince kimlik sorar devriyeler;
devrilmeler, delirmeler ve bütün devrimler hesap sorar!
Ben bu kente girince tetik düşüremem ellerim kilitlenir;
dudaklarım mühürlenir, öpemem,
Saramam. Saramam kollarım kilitlenir...

Yine de ay doğar, ay, gece uçurum gibi gelir.
Herkes kendine kalır umarsız.
Sanki ölümünün sanığı, açlığının nedeni herkes
ve yangınına taammüden kastedilen şu hayat...

Ben bu kente girince yasak öpüşler,
karanfiller, şiirler yasak.
Tutar yollara atarım kendimi:
"-Bir tek karanfil, bir dize şiir Sami;
karaborsa olsun, n'olursun!
Bir dize şiir, yıldızlı geceler gibi koksun!"

Yerde tank paletleri çiğner şiirimi;
bu yüzden, sırf bu yüzden...

Bu yüzden tanımım yerdedir.
Yerde mitralyözler taradı gençliğimi/siz bilmezsiniz.
Tank paletleri çiğnedi şiirimi;
sevgimi, düşlerimi ve gülüşlerimi.
Hepsi yerdedir şimdi/siz bilmezsiniz...

Ben bu kente girince,
geceler, gelecekler, gençlikler yasak.
Ötede pazarlığa oturmuş pezevenkler.
Orada altının, doların tırmanışı;
acının, öfkenin, ihanetin tırmanışı
ve umudun...

Ötede kaypak baharlara yürüyen sevgililer,
bir uğultu umanına akan kalabalık
ve kabarık ölümler.
Ölümler...

Bulun benim notamı hangi şarkıda kaldı.
Bulun benim notamı ...

Hangi gazetelerle örtmüştük o ölüleri?
Kim uydurdu infaz gecelerini?
Özlemin vergi iadesi yok mu?

Yine de ay doğar, gece uçurum gibi gelir!
Ben bu kente girince en namlı namlular uyanır ansızın.
Kesilir çocukların, en iri bıçaklarla kesilir ninnileri:
"De lori lori, kurêmin lori... De lo-!"

Sonra yağmurlar düşer yollara yollar düşlerim gibi ıslaktır.
Toprağın o haklı kokusu ansızın bana yerimi hatırlatır
ki azım, azıksızım.
Tıraş da olmamışım ve büyük acıkmışım...
Sonra ter içinde küfürle geçerim geceleri.

Daha ısrardır, ısrar, yeni çocuklar doğar
ve hamiledir bu kentin tüm gelinleri...

Bu kent bitecek bir gün bizleri bırakarak.
Gökyüzü uçaklara, kentyüzü namlulara kalacak.
Bu kent bitecek bir gün bizleri bırakarak
ve herkes ufalacak...

Ya da biz bu kente girince,
bize karanfiller, şiirler atacaksınız...
Kadınım, beni kokla ve uğurla;
dönmeyebilirim, kokumu unutma.

/İşte yeni bir ufku çiziyor ellerim.
Siz boğulurken orada dirilmenin rahmidir yerim!/

HALDAŞ GÖZLERİN

Gece eksilebilir, eksilmez tanıdık yüzüne susuzluğum.
Doğrul sorgusuz, korkusuz gözlerinle konuş gel,
ben gözlerini tanırım senin.

Bu gece oturup seni özledim.
Ay doğruldu, su duruldu;
örttün mü perdesini penceremizin?

Şimdi yüreğime su taşıyan sesini sessizlik çaldı.
Yüzünde gölgelenen o bayat hüzünle,
senin sesin, sessizliğin
ve gözlerin bana emanet kaldı.

Gözlerin...
Yıllanmış şarkılar kadar yalnız,
terli ve suskun akşamlar gibi yorgun,
gibi ürkekti senin.

/Şimdi parmaklıkların perdesi ışık:
Sevgilim.
Sevgilim.
Sevinci savrulmuş haldaş gözlerin.../

FİRE VEREN COĞRAFYADA

Bir düğün gecesi Mardin'de çektirdiğimiz resim
benden söz eder;
yüzüm, bu öksüz günlerin bütün sabrını kuşanmış;
örtülmüş perdeleri gülümsemenin,
demek Mardin'de biraz akşammış.

O kent hâlâ albümlerden, Kadir'den ve Lütfü'den,
birisi sevgilisi tutuklu bir genç kız kederinden,
birisi gidilemeyen kentlerden, nar mevsiminden
söz eder...

Ve yürürüz;
yürümek her bahar papatya kokularıyla sarhoş.
Sonra merakla açtığım mektup:
"Çankırı cezaevi, görülmüştür", Kadir'den;
zarfta o düğün gecesi Mardinli resim
ve bir hükümlü merhaba bizden söz eder.

Öylesine çoktuk ve çoktu Kadir,
daha çoğaltır kendini taş odalarda.
Her geçen gün fire veren bu coğrafyada...

AYNI GÖĞÜN EZGİSİ

-Abdülselam Aydın'ın anısına-

(Vurulduğumuz kentlere yasak diliyle
elinden tutsa öfkenin büyümeyi öğretecek
ve büyüyecekti...)

Abdülselam,
daha aşksız ve kitapsız;
lisede, ipince,
esmer yürekli bir oğlan.

Bu yağmur nerden gelir
sular bulanır.
Bu çığlık nasıl büyür,
yürek daralır.
Bu kavga ne de bıçkın,
meydan aranır.

Aranır Abdülselam bilmez bir oğlan...

Diyarbakır'ın göğsünde terli bir akşam,
daralan sokaklarda bir yaşamı çaldılar;
Abdülselam kardeşimi arkasından vurdular!

Mezarını ziyaretimde söyledikleridir:
*"-Koştum, kan mevsimine erken sarıldım,
bir kanlı geçitte vuruldum kaldım..."*

AYRILMAYALIM

Ayrılık ülkesinde delikanlılar,
bıyıkları dişlenmekten uç vermez gibi.
Ne garip, ölmek sanıyor çocuklar geceleri.
O denizlerde balık tutmak, martı olmak bize göre iş değil.
Bir kartal kanadı olmak isteriz dağlarımızda bir bıraksalar.

Bir bıraksalar,
ay ışığının perçemini dağlara düşürdüğü o aydınlıkta
en güzel çiçeklerle kucaklayabiliriz sizi.
Beni doğrultun, beni diriltin, ayıltın beni.

Ayrılmayalım!
Çünkü kendimizden başka sığınacak sokağımız yok gibi.

Sıkıntı ülkesinde her çocuk
nereye gitse yanında taşır öfkesini.
Cıgarasını içerken, bir kadın severken taşır.
Hep aynı gök için yorgunluğu; yorulduğu yerlere taşır.
Neyi var ölümlerinden başka işte yağmur olmaktır güzelliği.

Bu ses dargın ses, yorgun ses, uslanmaz ses;
yangında haklı, türküde güzel
ve tutuşan her ayrılıkta saklıdır gizi.
Toplayıp günaydınlarına çocukların en güzel şiirleri,
bir gün sileriz belki sararan fotoğraflarda kabaran bin kederi.

Ayrılmayalım,
çünkü kendimizden başka sığınacak sokağımız yok gibi...

NEŞTER VE GÜL

Suyu ve ateşi denedim, önce denedim...
Örselendim,
mayalandım;
şimdi sen varsın...

Neşteri ve gülü denedim,
büyük ıssızlığı,
yassı kalabalığı,
sesi ve çığlığı denedim;
şimdi sen varsın...

Sonra bir kanardağ buldum,
orada kaldım.

Bir öpmek,
bir sevmek,
bir gitmek kaldım;

Bir çığlık, bir rüzgâr,
bir ölmek kaldım...

/Şimdi çığlık,
kanun hükmünde bir kararnamedir artık!/

Sevdam,
patlayan çığlığa kana;
dön yüzünü
yüzümde unutsana...

ARKALARIN ARDINDA

(Dönüp tuttuğum bir aşk bu ihanetin içinden.
Ben o aşkı söylerim, o aşk beni söylemez.
Uzağım, kıyısızım ve ona kıyı;
tutuştuğum, savrulduğum gecelerin içinden.

Ben ki yanarak öğrenmişim ateşlerin adını.
Paslı bir ünlemim bu sözlerin içinden.)
!
Bana böyle durmayı uçurumlar öğretti / kendinin kadın.
Daha bu topraklar Hiroşima böyle dağsız
ve tanrısız...
Tanrısız katlanılır, arkasız ağlanılır / özlemin kadın.

Elimde, yolumda ve bahçemde gül kalmadı,
gittiler!
Rüzgâra vuracak yüzüm yok...
Kuşanmayı da unuttum yara almaktan.
Yaralanmaktan bir bedevi kadar yalnız/ efkârın kadın...

!!
Kalmışız...
Vay kalmışız arkaların ardında.
Burada ne çok art ne çok arka.
Kal...
Kal bitmiyor...

Şiir,
artmanın, arıtmanın;
şair, yolun, yağmurun.

Arkaların...
Arkaların ardında:
b e n i   y a l n ı z   b ı r a k m a y a n   g ö l g e m d i ...

KADRAJ

BİR ANI FOTOĞRAFI

Hayatın sıtmalı rengini gülümsüyoruz.
Gülümsüyoruz kederi bozguna uğratan dili.
Tarih dipnot kalıyor geriye bir fotoğraftan;
o fotoğraf ki, şimdi anısı savruk,
herkes kendi ikliminde / yeşermeye doğrulduk.

BİR ARŞİV FOTOĞRAFI

Dicle boylarında güneşlenirken,
fotoğrafta çıplak durmuş bir adam; bir adam,
karartma geceleri unutmuş güneşini
Mezopotamya gülümserken şaşkın sulardan...

GİYDİRİN ÇOCUKLUĞUMU

Güz yağmurlarına açtım penceremi.
Bir elimi duvaklı güzelliğe uzattım,
çocukluğumda bir elim.
Açın sayfalarını bir bir anılarımın;
eski bir kazak gibi
giydirin çocukluğumu...

SINIRA VURUYORUM
SINIRSIZ VURUYORUM

Kendi katline ilişmiş
şu benim sürgün ömrüm.
Sonrası intihar kokan bir sevda
uçurumlarda;

uçurumlar kendi diliyle anlatılır...

Göğe yaz uçurumlar da aldatılır.
Kanıyorsa kan revan, ömrün;
uçurumlarda yaslı ülkeler ağlatılır...

Bir gül'dür benim ülkem.
Uslanmaz
ve sulayan kendi gövdesini;
yollarını süngülerin,
rahmetini buzulların kestiği.

Daha sınıra vuruyorum/sınırsız vuruyorum.
Ey ülke, rahmine al ve yeniden doğur beni.

Sesim, şimdi yakılmış defterlerdeki...

Tartılsam ağırlığımca hüzün gelirdim
artarken gecede siren sesleri.
Ben de o cinayetlere sınamıştım gövdemi.

Sesim,
bu yüzden o eski ölümlerde kan lekeleri.
Sesim,
ağırlığımca zincirlerdeki...

Sesim,
fırtına sonrası karaya vuran cesetlerdeki.
Sesim,
o kanlı gömleklerdeki...

Bu yüzden ben de faili meçhûl bir cinayetim.
B u l u n   b e n i m   k a t i l i m i !

HER FIRTINADAN ARTA KALAN

Konuşamaz bu uğultu, rüzgârında boğulmuş.
Bu fırtına beni susmaz kendi sessizliğinde.

İşte gele gide rengi kirlenmiş hüznün, renksizliği de.
Yani bakıp durdukça hayatlarımız
morarmış bin sevinç müsveddesine...

Anılar ve ölüler konuşmaz,
suçlu bir bıçakta kalan kan pıhtılaşmaz!

Ah az adımım, çok uzaklığım.
(Dön uzaklığım... Dön uzaklığım!)

Yoksa nereye yüreğim bu talan iklimiyle?
Nereye ben yüzümde bu yetim ninnileriyle?

Bu keder kaç iklim değiştirdi,
bu tekne kaç liman,
bu gülüş kaç bin rüzgâr?

/Bak işte yürüyorum
her fırtınadan arta kalan o sözcüklerle.../

ÇATIRDAYAN KAFESTE

I
Toprağına çığ düşmüş bir ülke değilim, ama biraz öyle bir ülkedir yüreğim. Çatırdayan bir kafesteyim; kentlerle, hızla kirlenen seslerle, ömrüm serüvenlerle.

Dalgın bir rüzgârım işte unuttum mevsimimi de; kanlar ve kanatlarıyla ölülerimiz bir de...

II
Çatırdayan bir kafesteyim. Tutamam yolları, büyür, ben yollara büyürüm.

Ölümün çapı kaç dedikçe dağıtırım çapını hayatımın.

III
Kınında bir eski bıçaktım; hayat kadar ölümü ezberledim, infazlar ezberledim. Bakarım.

Bakarım, eğri çok eğriliyor; doğru, doğrulmayı doğrulamıyor! Öl, beni eksilten eksiklik!

IV
Daha en kirli sularda susuzluğun aç eli; yağmurların,
halayların, harmanların aç eli...

Kederde seher, seherde keder çatırdayan kafeste
ve hep yeni yenilmiş kalabalık...

Kanları ve kanatlarıyla ölülerimiz bir de...

DEŞTİM VE DERİNLEŞTİM

I
Savrulduğum her günün döndüğü yerde, hani kırmızı bir bulut seker ya tepeler arasından, nedir ki sonra kalan hep üşümeyle dönülen yolculuklardan?

II
Atıldığım yerlerde kalan Osmanlı, savrulmuş da yüzyılıma tüfeklerden, tuğralardan; infaz gecelerinde mabetler arasından.

Mabetler arasında benim sesim yankısız kalsın, benim de sesim!

Hızla savrulmuş bir bomba gibi ben de, atıldığım yerlerde patlayacağım...

III
Her günün insana döndüğü yerde namlularla çıktınız ışıklar arasından; ten deşip tüy savurdunuz, yaşam alıp ölüm sattınız uzun bir zaman.

Oysa bu satış biterdi et tenine döndüğü zaman. Çünkü boğulmanın sularında bizi yırtan o kaplan, kâğıttan!

IV

Günleri kirlettiler... Suçluları bulanların örselenmiş yürek, taşlaşan sabır ve bilenmiş bir bilinçle müracaatları rica olunur.

(Günleri kirlettiler, günleri çocuklar, biz yıkacağız; ama kan lekeleri hiç çıkmayabilir...)

V

Deşilmek ne, deşmek nedir bilmezdim.
Deşildim, deştim ve derinleştim...

Kötü ressamların çizdiği tuvalde,
hızla savrulmuş bir bomba gibi ben de
atıldığım yerlerde patlayacağım!

Atıldığım yerlerde kalan nedir ki bir varmış bir yokmuş gibi yaşamaklardan? Nedir, hep üşümeyle dönülen yolculuklardan?

Kalan nedir
miadı dolarken insan?

FERİDE

(1989)

1. Baskı: Kasım 1990, Cem Yayınevi
2. Baskı: Ekim 1994, Öteki Yayınevi
3. Baskı: Mayıs 1996, Doruk Yayınevi
4. Baskı: Mart 1998, Cem Yayınevi
5. Baskı: Eylül 1998, Cem Yayınevi
6. Baskı: Haziran 1999, Scala Yayıncılık
7. Baskı: Aralık 1999, Scala Yayıncılık
8. Baskı: Mart 2001, Scala Yayınevi
9. Baskı: Eylül 2001, Alfa Yayınevi
10. Baskı: Temmuz 2002, Alfa Yayınevi
11. Baskı: Mayıs 2006, Alfa Yayınevi
12. Baskı: Eylül 2007, Öteki Yayınları
13. Baskı: Ocak 2012, Nemesis Yayınları
14. Baskı: Temmuz 2015, Scala Yayınları

"Kasketimi eğip üstüne acıların..."
-Cemal Süreya-

SUNU

"İstasyonda konuşan iki dilsizdi onlar,
ayrılığı söyleyen kara gürültülerde.
Şaşkındır buralarda ayrı düşmüş aşıklar;
kış'ın ve silahların beyaz serinliğinde..."
　　　　　　　　-**L. Aragon**-

K(adın): Feride.
Uyruğun: Dünya.

Aynı yağmurlardan kaçarken bir saçağa düştük önce;
sonra gece, avluda bir kırık dal dursa üşürdü Feride.
Tarihini düşmedim, düşünmedim ama tenimiz tanışır
önce ve terimiz...

Geceye yağmur inerdi işte böyle sicim gibi, ipince...
Giderek soğuyan dünyamıza kanat vururken kuşlar
ve hüzünle şaşırırken yolunu yitik yıldızlar,
Feride, bir destan gibi yürürdü ömrünü
akmaya yarışırken sular...

Sonra sular sulara, günler günlere vururdu ve hayat onu da, beni de hem ne kötü vururdu; hayvan gibi vururdu hayat, küfür gibi, namlu gibi vururdu. Susunca Feride, yeryüzü boğulurdu. Yeryüzü yüreğimdi biraz da, kururdu. Kururdu...

/Ben onu dilsiz ve dipsiz biçimlerden çaldım kimselere...
Kimselere bırakmam/

Öpüşlere sararım, gidişlere sorarım.
Kimselere... Kimselere bırakmam!

Feride başak kokar, esmer bir başak.
Gözlerini hep s(aklar) utanırken.
Sonrasını ben bilirim...

Günler turşu kıvamındaydı;
şarkı söyler, rüzgâr giyerdik akşamları.
Masamızda hep ucu kırık bir karanfil dururdu;
yaralarımızı sarardık, sorardık ihtilal dönüşleri.

Kadınlar ve erkekler kendi aybaşlarındaydı:
şoförler direksiyon, gerillalar silah başlarındaydı.
Bitmezdi tükürdüğüm savaşları da
"apoletleri büyük beyni küçük generallerin!"

Orospular sızardı gecenin yırtmacından.
Yırtmaçların tenine küfür dolardı
ve küfür yazardı gazeteler;
geceler küfür kokardı /alkol ve sperm.
Günlerin yaslı yüzünde kan lekeleri...

Günler turşu kıvamındaydı.
Faşizmin kıvamında işkenceler.
Bir uzun yol şoförü uzun yolları...
Yolları Feride'yi andığım gibi anardı.
Geceye devriyeler dolardı.
Kimliksiz miydik?

Feride hınca hınç grevdedir tek tip insan pazarlarında;
dağlara atarım, bulutlara katarım onu kimselere...
Kimselere bırakmam!

Kül gecelerinden çalarken onu ateşlerin içinden,
bastım bağrıma üzüm suyu damıtır gibi,
sarar gibi ağrısını ışık kanatlı bir güvercinin;
dirildim, dirilttim onu kimselere bırakmam,
kimselere!

Sonra tenini tutukladım avuçlarımla,
mühürledim dudaklarını ateş kızıllığında;
katıp onu yasak şarkılarıma, kitaplarıma.
Feride'yi şiir saydım biraz da...

Nisan'ın kızıdır Feride; bundandır Nisan güneşi sinmiştir tenine ve kokusu otların, kırlangıçların...

Dağları uyutur koynunda kavgalara gidince; sonra aşk olur, kadın olur bana gelince ki aşkın saati, gömleği, takvimi yoktur; uçarı bir rüzgâr gibidir. Ansızın ne yana dönse yüzümü o ufka çeviririm. Sonrasını... Sonrasını ben bilirim.

Feride tütünü türküye banar da içer.
Yüreğinde bir tufanın negatifleri.

Feride şiir huyludur, gül kokuludur;
gül kokuludur gözleriyle gözlerime dokunur…

Dokunur,
vay!

1. Bölüm

*/O aşklar ki hayatın teninde bir oyundu,
dağıtınca bir yangının alazında süngüler
birileri anlatmaya koyuldu.../*

"(...) *Bugün kimse konuşmuyor (eski söylediklerini yineleyenlerden başka), çünkü dünyayı sürükleyen kör ve sağır güçler, öğütleri, haber vermeleri, yalvarıp yakarmaları dinleyeceğe benzemiyor. Şu son yıllarda gördüğüm bizde birşeyi kırdı. Bu şey, insanın güvenidir; o güven ki, insanlığın dilini konuştuk mu bir başkasından insanca karşılık göreceğimize inandırırdı bizi. (...) İnsanlar arasında sürüp giden uzun diyalog bitti...*"

-A. Camus-

(Herkesin bir Feride'si vardır bilmez miyim.
Herkesin bir ayakkabısı gibi bir de şarkısı.
Herkesin bir kimsesi vardır ben bilmez miyim;
bir de kimsesizliği...)

I
Gözlerinle gözlerime dokunuyorsun.
Bir bilsen o an gözlerim oluyorsun;
kaçalım, beni gören sen sanacak...

II
Görüyor musun adınla başlıyor her şey.
Karın eriyişi, yağmurun dirilişi,
özlemenin ilk harfi, gücün hecelenişi.

Adınla!
Adınla her şey: Şarabın dökülüşü,
sesimin eskimeyişi...

/Ben ise sana abanıyorum;
büsbütün aşk kesiyorum.../

Yenile yenilene bana abanıyorsun sen de.
Ateş kesiyor dudakların;
saçların bir tutunmak oluyor bu yangın yerlerinde

/Ben nereye gitsem biraz senden gelirim;
ardımdan kuşlar ve uykular gelir.../

Feride,
ey yâar

III
Yazgıma çıkıyor bu kent,
ben kentlere çıkıyorum;
kentler kent olmalı Feride,
bir türkü tutturup
açabilmeliyim alnımı gecelerinde...

Güne koşarken çocuklar, güne erkenden,
ya deniz ya da dağ kokmalı yolları...
Çocuklar çocuk olmalı.
Aç bakmamalı sevgiye.
Çocuklar bazen bir ülkedir.
Gözleri gök(yüzünde)

Ter ve güneş kokarken işçiler evlerinde,
herkes kendi gibi olmalı, adı gibi;
yoksa utanır rüzgârlar hakedilmiş iklimlere.

IV
Çarşılarda kalabalık yürüyor:
o kalabalık soluyor "faili meçhûl"lerde.

(Bu kalabalık ölmese,
aşk,
önce!)

V
Çarşılarda kalabalık yürüyor;
çarşılara abanıyorum ben de:

-Gülüşleri, konuşmaları, oturuşları nerede?
Hani çocuklar mavi esintilerde?
Bu kanlar da ne?

Bir bilsen gömleğimi parçalıyorum
Günün orta yerinde.
Çatırdayarak kopuyor düğmelerim.
Suçlular nerde?

Bıyıklarımı kemiriyorum, bitiyor.
Çekip koparıyorum saçlarımı.
Bir bilsen ter damlıyor yüreğimden yerlere;
bileklerim kesilmiş, damarlarım dökülmüş caddelere.

Ben çarşılara abanıyorum işte;
çarşılar yalnız, çarşılar yalan,
çarşılar bana abanmıyor Feride...

VI
Keder de yıkar bendini;
yağmur iner, gök boşaltır içini.

Büyür
mü benim yüzyılım;
benim yüzyılım hani?

Çoğaldım ve bir soruyla dolaştım sokakları.
Bir soruyla açıp her sabah penceremi.
Benim yüzyılım hani?
Benim yüzyılım hani?

Bir susamışlık oluyorum gitgide;
ağlamışlık, kanamışlık birdenbire.
Artık bütün sularda bir susuzluğum işte.
Yankısı yok sesimin caddelerde;
"bir yudum" diyorum sonra:
"Bir yudum, halkım!"

Ben çarşılara abanıyorum işte;
çarşılar yalnız, çarşılar yalan,
çarşılar bana abanmıyor Feride ...

VII

Artık böyle başlar gün;
bir tomurcuk patlar,
bir dal kırılır apansız.
Birileri düşer yağmurlara.
Yağmurlara zamansız...

Belki ağzının kıyısı kansız,
yarım kalır türküsü;
dağılır, yiter sesi,
anlatılır rüzgârlara öyküsü...

Daha önümde ardımda korkunun kokusu
ve vahşetin böğründe zulmün tortusu.

Sonra güne koştum, güne coştum,
kucağımda dünyaların türküsü...

Çıkıp kentin en geniş meydanında
boğazımı gömleğim gibi yırtıyorum:

-Susmayın! diyorum. Bir şey bilmiyorsanız küfredin,
düpedüz küfredin işte! O an gökyüzünde dingin bir bulut.
Duvarları aşabilen rüzgârlar çarpıyor yüzüme...

(Bakıyorum da yollarda kanım pıhtılaşıyor;
üstüm başım kir karanlık vay balam!)

VIII
Kapıyı yağmur diye çaldılar oysa.
Açtık:
Kasırga!

Kasırga,
kasılıyor
kaslarında ülkemin...

(Bu hep böyle sürmese,
aşk,
önce!)

IX
Sonra bir bilsen teni kan içinde hayatın.

Dikkat dikkat!
Ülkem dolaylarında yatmakta olan insanlar için
......gruplarında kan aranmıyor!

Yitirdik infazlarda güllerimizi.
Can aranıyor… Can aranıyor!

Birden ön masadan üç adam kalkıyor,
Kesulen!" diyorlar: "-Ne canı? Can burada işte!
Oturmuş pişti oynuyor çayına kahvede!"

Benim yüzyılım hani?
Arkadaşlar, su yok mu be!

Derken yerlerde pıhtılaşmış kanların üzerinden,
bir uğultu ummanında seslerin üzerinden,
çarşıları yalnız kentlerin üzerinden
sensiz ve sessiz gidiyoruz Feride...

2. Bölüm

Ey o kasırgalarda okyanuslar çiğneyen gemi
Ayrılıksa: "Vur sineme öldür beni!"

"...Yapılmamış, unutulmuş itirazlar mı vardı? Kuşkusuz vardı böyle itirazlar (...) Neredeydi şimdiye kadar görmediği o yargıç? Neredeydi o yüksek mahkeme? Konuşacaklarım var. El kaldırıyorum..."

-F. Kafka-

X
(Portatif bir hayat,
katlanabilir...)

Feride,
şimdi yanaş kıyılarıma bir vapur gibi;
çarpıp durayım güvertelerde gözlerine...

(Beni böyle bir eller,
beni yollar, beni yeller,
kelepçeler, hücreler beni
alıp gitmeye,
inan ki Feride inan,
aşk, önce!)

XI
(Gözümü bağlıyorlar; korkma sevgilim,
gözümü, gönlümü değil...)

Kanlı karanlık odalarda,
beni morartıyor, azaltıyorlar;
böyle her seferinde,
çıkınca, fırında ekmek gibi kabarıyorum.
Sonra bir çoğalıyor, bir çoğalıyor, bir çoğalıyorum.

(Bir güzel renk değiştiriyorum; korkma,
yürek değil, renk değiştiriyorum sadece...)

Kollarım gidiyor önce, ayaklarım, ellerim;
saçlarım gitmişti zaten, bileklerim gitmişti.

Biliyor musun bir sen kalıyorsun içimde,
yüreğimin alazında biz bize
ağlaşıyoruz sessizce...

(Sonra gözlerim açılıyor; korkma,
dilim değil, gözlerim sadece...)

XII
(Mahkemede)

Yurdum, seni:
"Devlet
topraklarının
bir
kısmını
veya
tamamını
ayırmaya
yönelik"
ve
gizli"
seviyorum,

dediler...

XIII
(Hapishanede)

Buraya gelme Feride,
bir hançer gibi saplama
savuran gözlerini yüreğime

Yine o öksüz koridor, o yaslı ve yaşlı koğuş;
küf ve sidik kokuları yine...
Ben voleybol oynuyorum bahçede.
Birikmiş gibi volta borcumu, taksitle,
her gelişte ödüyorum...

Aldırma, bir kedere sevkolunmuş sûretim;

(Bir de sen... Sen Feride olmasan,
bana böyle delice göz kırpan yeryüzüne kanmasam,
kanmasam mahvolurum kız, mahvolurum!)

XIV
Ekmeksiz kal da demiştim
içeride,
kavgasız, kadınsız, çaresiz kalma.

Bunları yazmadılar hayat bilgisi kitaplarında!

Feride, tütünü türküye banar da içer.
Yüreğinde bir tufanın negatifleri.

Yazmadılar!

Hep ölüm bu(yurdunuz).
ya-
zı-
yo-
rum:
Ey devlet, e-devlet artık o(kulun) yok senin!

XV
/Ben uçurumlar önünde kendimi kemiren Kerem,
artık kendini kemiren türküler dinlemem.../

Dinlemem
ki rüzgârdım,
usulca kedere kaldım.
Yürüdüm, göçebeydim;
yürüdüm, kurşunlandım!

Sonra mart kaldım, eylül kaldım
ey susmanın çorak iklimi.
Yüzümde uzun sürmüş soruşturmalar yorgunluğu;
çarmıhlara gerildim ölümlere tek kaldım...

Bu
tufan
ne yana?
Yana
yana
susmayı dilinde,
büyümeyi bilincine devşiren çocuk?

XVI
(Dışarıda)

Çıktım
da uyku sızarken gecenin şarkısından.
Nerede yaralı kuşları yorgun yüzümün,
kendi köpüğünü eriten bir denizde?

Bileylenen her bıçak kınında çirkin;
kınından çık yüreğim, geç mi kaldın geç mi kaldın?

Bir örümcek sabrıyla sevdam örerken kendini
yüreğim bir uzun hava, sabrım uçurum şimdi...

XVII

Çıktım kanlı karanlık odalardan;
elbet çıkarım, çıkacağım!

Şimdi dağları aralasan bu akşamüstleri ben çıkarım,
Kuşları kovalasan, yürüsen yolları göçebe yanım.
Geceleri kanatsan alnımda yağmur, saçlarım kar türküsü,
çıkarım!

(Ben bu çiçeği bölsem, koklasam sen çıkar mısın?)

Bu nasıl yalan yollar ki böyle yürüdüğüm.
Saçlarının kokusu sinmiş bu kente.
Bu gece saçlarından geçiyorum yüreğim ter içinde.

Sussam, yokluğun kan tükürür beynime;
geceler büyürse tutsağım sabahlar doldur yüreğime.

Çıktım
da kentler kent değildi yine.
Belki bu yüzden tüketmiş soluğunu şarkılar,
kuşlar da gitmiş, kederler büyümüş,
ama hiç boğulmamış içimizde kıyılar...

(Kıyılarıma varsan ben çıkarım.
Çocukluğuma dokunsan öksüz çıkarım.
Halkımı tanısan yurtsuz çıkarım!)

XVIII
Kal, kendinin anası ol önce doğur kendini;
sonra gel beni doyur büyümeden açlığım.

Sesim mi?
O da büyür sen kaygılanma.

Gel
bata
çıka
çıkalım;
düşe
kalka,
gide
dura,
güle
ağlaya...

(Bana kalsa bir namlunun ucundan
sesimi, gümbürtama alır çıkarım;
ben bu şiiri okusam sen çıkar mısın?)

IXX
Sonra zıbarıp kalmak için yer ayırttım bir "paspal palas"ta. Oturup fotoğraflarına baktım, zamanın buğusundaki külleri temizledim. Sokağa çıktım, yasak yürüdüm; üzerime adını almayı unutmadım...

Yollara dokunmadım, kedilere, camlara dokunmadım; yıldızlara...
Yıldızlara hiç dokunmadım, dokunsam düşecektin...

Sonra geceye şiirler okudum; bitti, bitmedin!

(Sen bir şeyler bilsen bildiğinden ben çıkarım.
Sensizliğime dokunsan öksüz çıkarım...)

Şimdi sokaklardayım.
Sokaklarda içimin sokaklarına adın yürüdü,
adın satırbaşlarında ayrılıkların.

Oysa ben bu geceyi bilmiyorum,
yolları bilmiyorum, unutmayı hiç;
şimdi sokaklar bile esniyor uyumayı bilmiyorum...

XX

Otelde yanmayan bir gaz sobasının yerlere dökülmüş atıkları soluğumu kesiyor. Soba boruları kırık camlardan dışarıya uzuyor; dışarıda kar, dışarıda rüzgâr esiyor; uykusuzluğa uyuyorum...

Seni...
Seni diyorum Feride,
nasıl gelirim, hangi sokaklar çıkar sokak desene?
Seni yorumluyor, sana yoruluyorum işte.

3. Bölüm

"kapılar tutulmuş neylersin
neylersin içerde kalmışız
yollar kesilmiş
şehir yenilmiş
açlıktır başlamış
elde silah kalmamış neylersin
neylersin karanlık da bastırmış
sevişmezsin de neylersin."
-P. Eluard-

XXI

Sonra bir bakıyoruz biz kokmuşuz biz bize.
Öpüp durma üç numara tıraşlı kafamı öyle.
Feride, kız, geldim işte;
ağlama, şişmanlarım yine,
yine sevişiriz sur dibinde bahar gelince...

Feride, bu sen misin, nasılsın söylesene?
Bak, ıssız bir ada gibiyim beni çevrele;
beni sar, beni sor, beni ağlat bu gece.

Üşüyorum, bir palto bul Feride!
ya da aç göğsünü ısınıp kalayım öyle.

Geceler çarpıp düşsün dalgın güzelliğine...

XXII
Gözlerini sil
ve bu sevda kadar koyu bir çay tutuştur ellerime.

Yok, gitme!
Gitme, sen gidince sevmek yüreğimde düğümleniyor;
özlemeyi yutkunuyorum.

Sonra pencerene ürkek kuşlar konuyor.
Şu gök var ya şu gök, birden üstüme çöküyor.

Yok, gitme!
Gitme, aç göğsünü ısınıp kalayım öyle.

XXIII
Diyordum ki bir koluma seni, diğerine ülkemi.
Gör ki payıma çığlıklar düşmüş ve kül geceleri.

Benim yüzyılım hani?

Belki insanlar kir gömmez diye,
hasrettir böyle kanla ıslak böğrünün asıl rengine.
Darda daralır
bir yerlerde...

Bana bir ülke getir Feride,
üstünde masmavi bir gök olsun…

XXIV

Gözlerimin ortasında
gözlerinin ortası...

Tenini hatırlat tenime;
bana aç vücudunun deltalarını,
kadın kokunu ver
sulamak için rahminin kıraç topraklarını.

(Bu sensin
ve sesin...
Bu terin ve tenin ıslaklığı;
kal öyle, ısıt gözlerimi gülüşlerinle...)

XXV
Birazdan kapılar kırılacak belki de...
Birazdan kapkara bir örtü olabilir gözlerimizde.

Biz diz kırarken sinesinde sancının;
deşilir ten ve yara da.
Çünkü ölmek günleri biraz da,
gülmek günleri (de), inadına;
gün gülümsemeleri ardında.

Gün gülümsemeleri ardında
Dağlandıkça dağlaşmak
ve sevmeye yaraşmak.

Yaraşmaya yanaşmak günleri...

/Sen de yanaş kıyılarıma bir vapur gibi,
çarpıp durayım güvertelerde gözlerine.../

XXVI
Her gün bir avuç öldüğüm bu cehennemde,
el verdiğim kentler vurulacak, vurulacağım;
bu yangın kabardıkça çok yanacağım!

Farkında mısın hüzünlere ayarlı saatler yine
ve kanıma dokunuyor
bu karartma geceleri susmak böyle...

XXVII

Caddeye bir taşıt huzmesi düştü görüyor musun?
Bak bakalım beni mi arıyorlar
ya da ne geziyorlar gecede yarasa gibi?

Bakarken görünmesin göğüslerin pencereden.
Yollar bir çift gül görmeye alışık değil...

Birazdan tan atacak geceyi yırtarak yine;
saçların da dağınık, her yanın ter içinde...

/Feride,
sen bu kadar akıllının içinde nasıl...
Nasıl delisin böyle?/

XXVIII

Sevdan kıl beni, kaybetme ellerimi…
Tutmazsam, dağlardan çığ düşerken,
o çınarlar susarken;
tutmazsam kırılır elim,
tutmak kirlenir…

Ben yolculuğum,
sen bildiğim yol gibi.
Toplayıp ıssızlığa kirlenen eylülleri
geç hiç eskitmeden sevgileri;
geçmesen yollar kirlenir…

İncelikler var sende;
sana akar ırmaklarım.
Akar ve biterim.

Bitmesek,
bitmek kirlenir…

XXIX

Topla denklerini ürkmeden.
Külü dök, ateşi yüklen.
Sen, hep sen ol şarkıyla gelen.
Gelmesen söz kirlenir...

Kime aitse kucağın,
açık tut
ve diri.
Tutmasan insanlığın kirlenir...

Bak, sevda bu, tut sözlerimi!
Hem kim var ki böyle sevecek seni?

Öpmesem dudakların,
yazmasam şiir,
sevişmesem kadınlığın kirlenir...

XXX
Ve bir gün değil, her gün
her şey kirlenir.
Çalarak bir şeyleri hayattan
ve insandan;
yenibaştan,
yenibaştan...

K i r l e n m e y e n t e k ş e y i s e,
k i r d i r...

4. Bölüm

"güllerin bedeninden dikenleri teker teker koparırsan
dikenleri kopardığın yerler teker teker kanar

dikenleri kopardığın yerleri bir bahar filan sanırsan
Kürdistan'da ve Muş-Tatvan yolunda bir yer kanar

Muş-Tatvan yolunda güllere ve devlete inanırsan
eşkıyalar kanar, kötü donatımlı askerler kanar
...
Muş-Tatvan yolunda bir gün senin akşamın ne ki
orada her zaman otlar otlar ergenlikler kanar

el ele gittiğimiz bir yolda sen gitgide büyürsen
benim içimde çok beklemiş, çok eski bir yer kanar..."

-Turgut Uyar-

XXXI
Rüzgâr
ve kar.
Kar... Yurdumda.
Bir dal daha kırılıyor rüzgârda.

O dalı yeşertebilir miyiz Feride,
baharda?

İki gözüm, kar yağıyor dışarıda.
Elimde terliyor ellerin...
Kar yağıyor yoksul gecelerine ülkemin,
pencerelerine perdesizliğin...

XXXII
Kara bin damla kan düşürüyoruz.
Çoktandır ayaz günleri ülkemin.

Karda kar değil,
k a n   m e v s i m i !

XXXIII
Bırak, serseri yağmurlar, darbeci generaller, vizite kağıtları ve gündelik telaşlar bir an bir yerlerde kalsınlar! Gecenin yüzüne karşı konuşan cinayetlerde ölümdü, kederdi, hasretti gördün!

Tüyleri dökülen bir kuşun yüreği kadar sıcak
ve bir kez ağzımızdan çıkmış bir küfürdü hayat!

Şimdi göç yollarında mısın?
Yurdunu mu yitirdin?
Örselenmenin yurdu
yok! Aşkın yurdu yok!
Özlemenin yok!

Daha gece bir keder salkımıyla geliyor;
bir salkım da bizden!
Yollara çıkmanın yurdu yok!
Yürümenin
yok!

Şimdi hasret iri gözlü bir çocuktur
çırılçıplak kıyılarında her uçurumun.
Göç yollarında yurdum yağmadır, kabarık
ve kangren!

Ömürlerin ömrü
yok! Efkârın takvimi
yok!

(Yok!
Yağma, kabarık ve kangren...)

XXXIV

Şimdi bir namlu gibi gözlerin.
Dışarıda kar dinmiş, çamlar gelin...

Bak, bir izbe oda düşmüş payımıza.
Israrda çoğalıp, inadına;
ışıkları söndürelim, susmasın elim;
tenimi tanı, kokumu ve terimi...

Bu çığlık bir bıçak olup yırtacaksa geceyi,
al göm göğsüne dağlanmış sûretimi.
Al da susalım biraz.
Hep aynı göğe büyürken ellerimiz...

XXXV

Bana bir ölüm târif et Feride.
Yakma cıgaranı,
çek şu kibriti de.
Olur ya, dinamit gibiyim bu gece.

Aldırma,
bir kedere sevk olunmuş sûretim...

XXXVI
Daha yenile yenilene bana abanıyorsun sen de.
Ateş kesiyor dudakların.
Saçların, tutunmak oluyor bu yangın yerlerinde.

Bırak!
Çarşılar bana abanmasa da,
ben çarşılara abanacağım yine.
Yoksa bu şiir burada biter Feride!

Çarşıları yalnız, kentleri öksüz,
şiirleri yarım bırakmayalım...

XXXVII
Sonra kirli bir duman çöküyor kente.
Serçelerde sonbahar mahmurluğu...

Şimdi porno ve arabesk geceleri bu kentin
ve ölesiye yalnızlığım.

(Bir de sen... Sen Feride olmasan,
bana böyle delice göz kırpan yeryüzüne kanmasam,
kanmasam mahvolurum kız, mahvolurum!)

XXXVIII
Sana bir bıçak vereyim rüyalarımı dağıt,
bir rüzgâr vereyim külümü,
bir sevda vereyim kuraklığımı dağıt!

Biz o yıllar rezil gecelerde üşüdük;
hey gidi kirli günler ne çok üşüdük.
Sıcaklığımı al şimdi üşümeleri dağıt.

Bak, bu kentler yeter bize, sevişmek için de,
çıldırmak için de.
Kalabalık ol gel yalnızlığımı,
gövdemi vereyim gel dağıt açlığımı...

XXXIX

D(erken) yıllar geçer,
o herhangi bir gün de akşam olur.
Akşam olur sen bana bir bardak çay getirirsin.
Ensenden öperim, o saat bardakta şeker gibi erirsin.
Sen bir yaz güneşisin
bakınca gözlerine bir sevinir [bir sevinirsin.
Yüreğinden ansızın okul çocuklarının trampetleri geçer.
Tramvaylar, havai fişekler geçer.

Benim yüreğimde ise hep uzak ki yollar,
içinden uzun yol otobüsleri, sessiz ırmaklar geçer.
Benim ırmaklarım,
ırmaklarım benim senin gözlerinden geçer.

(Biz on ikiden vurulmuş eylüllerde üşüdük.
Hey gidi kirli günler ne çok üşüdük!)

XL
Şimdi "kaç" diyorsun da,
başka sokağım yok ki,
başka şehrim, yağmurum yok ki!

Sokaklar mühürlüdür burada.
Kalbinde kör bir baykuş telaşı saklar.
Benim yüreğimde ise hep bir tabur konaklar.

Kalsam, bu kent beni yaralar.
Sabahlarında kederli çocuk gözleri,
göğsünde sahte lambalar;
sonra bir yağmur
ipince,
bir yağmur daha başlar.

Ölümün taht kurduğu varoşlarda
nasıl da kirlenir aşklar...

XLI
Yorgun bir baş ayrılacak gövdesinden.
Bir kaçak gibi gideceğim bu kentten.

Bir baş nasıl ayrılır gövdesinden?
Bir rüzgâr,
ikliminden?

Bir ırmak,
sesinden?

Bir şair,
bir şiir ülkesinden?

5. Bölüm

*İşte o aşirette çerçilerle, türkülerle büyütmüşüm
çocukluğumu.
Yani benim o eksik aşiret çocuğu.
Bu fotoğraftaki gibi eski ve derin bir anı, yaralı.
Artık bu fotoğraftaki gibi rüzgâra dik değil boynu.*

*Bu yüzden beni bir rüzgâr sayın.
Beni bir rüzgâr!
Dağlardan ve kentlerden kovulmuş,
ve sürülmüş çığlığın ıssız deltalarına;
ömrüne tükürülmüş bu rüzgâr,
sorarım
ne işe yarar?*

*Rüzgâr
  rüzgâr
    yanarım;*

*Yorulmuşum,
  kanamışım,
    sararım...*

XLII
(Her ipi denedim infazıma!)

Artık uçurdum yüreğimin ıssızlığından ıslak güvercinimi.
Ömrüm kopacak bir infaz ipi...

Belimde bir silah var
bu gece dağıtacağım beynimi.

Bu gece...
Yine gece!
Dağıtacağım geceyi birdenbire.

Damıtacağım yaşamdan rengimi.
Şu başına buyruk takvimleri, kinleri, kirleri.
Belimde bir silah var
Bu gece dağıtacağım beynimi!

XLIII
Sonra ışıklar, ıssızlıklar içinde, yeniden,
yürüsem uğultulu bir gençlikle,
her bıçak tenimi, her namlu beynimi sınar.

Tutuklarken yangınlar acemi dilimi de,
bir anı, bir dize kalır belki geride...

XLIV
Hayat, hep böyle düşmek;
"düşmek" dedim de,
düştüğüm çok oldu biliyor musun
ve düşürüp bir şeyleri düşündüğüm çok oldu.

Ağlar gibi olup
da ağlamadığım;
ağlamaz gibi durup
da ağladığım, çağladığım çok...

Yurtsuzdum, bunu yazdı bültenler de.
Yurtsuzdum da yeni bir yurt kurdum kalbime.
Sana bile vize koydum, kimlik sordum Feride.

Ben, feodal bir yaraydım belki de...

XLV

Oysa ki iki tufandık seninle.
Lavlarından ayrı düşmüş iki kanardağ.
Savrulduk usulca günlerin dargın göğsüne.

Hani yüzün kar çiçekleri gibi açardı,
yüzün sığmazdı öpüşlerime.

Ve ben hep bir kuytu ararken özlem tüten yüzünde,
hiçbir aşkı mevsimsiz yaşamadım
da kaç mevsim aşksız Feride...

Oysa iki tufandık seninle.
Yatağını arayan iki ırmak belki de.
Çoktandır dalgınlığımı düşürüyorum göğsüne;
yorgunluğumu, solgunluğumu bu dar evlere.

Akşamüstleri taşıtların amansızca zırladığı bu kentte,
geceler karanlık, çiçekçiler uzak, aşklar dağınık;
beni anlamıyorsun...

Ve biz seninle soğuklar gibi yoksul;
çünkü bir ekmeğin öyküsü ilişmiş kimliğime...

XLVI
Sonra geceler boyu izimi sürdü can düşmanlarım.
Ansızın sesimi koyacak yer bulamadım

Bir sesim vardı
bas bariton.
Onu da dağlara emanet ettim.

Duruyor,
orada,
çapraz asılı silahların esmerliğinde...

Artık gözümü kırpmadan vurabilirim kendimi de; vurabilirim kendimi bir usturanın katil çeliğiyle. Ya da bir paslı tüfekle 24.00 sonrası bir namlunun ansızın dağıtacağı beynimi bırakabilirim bulvarda aç gezinen itlere; ardımdan kan... Kan koksun gece!

(Bilirim cesedimin üstünde bir dal kırılır,
bir yaprak hışırdar yine;
orda "kime ne"sin sen;
alıp gidensin kendini kendinle...)

XLVII
Ölürsem heceler kalır dişlerimde.
Ay biter-
se bende biter, ay üşür-
se ölmüşlüğüm kadar üşürüm ben de.

Kalınca ömrüm ölüme
yalnız!

(Zaten yalnızdım...)

XLVIII
Yalnızdık dağlara karşı.
Ya kentlere?
Kentler ki tükürsek içinde boğulacaktık.
Sulara karşı yalnız...

Gecenin desenine ay dokununca,
yalnızdık...
Yük ve türkü taşıyan o ipek yollarına bir de.

İşte şimdi ay kanar
ve uzakta, bozkırlarda atlar.
Atlar...
Atlara yalnızdık.

Yalnızdık karanlığa Feride...

(Şimdi vuruldu bu sevda da bir fısıltıya.
Çiğnenmiş bir bahçedir artık ömrümüz...)

XLIX
Denizleri özlerdi Feride.
Elleriyle atlasları örterdi;
deniz yerlerini atlasların.

Herkesin bir Feride'si vardır bilmez miyim.
Herkesin bir ayakkabısı gibi bir de şarkısı.
Herkesin bir kimsesi vardır ben bilmez miyim;
bir de kimsesizliği...

L
Yanmaktan değil,
yakmaktan "müebbeden men" ömrümde,
bir tutam hırçın gençlikle,
yürüdüm takvimlerin amansız büyüsüne;
yüreğim hep uçurumlar denginde.

(Ve hangi renkte olsak da,
kalarak bizi sarıp sarmalayan günlerin asıl rengine;
rengarengine...)

Benim ömrüm hep beyaza kandı.
Hangi beyazı tutsam gri oluyor,
sonra boğulup kararıyordu...
Hiçbir beyaz
bembeyaz;
hiçbir yaz,
yaz
kalmıyordu!

(Bütün griler eskiden beyazdı Feride...)

LI

Tüketmeden sevda ezgilerini bir ünlem olmak varken; üç mevsim ilkyaza açılırken yeşile dolmak, yerküreyi sarmaşık gibi sarmak, tek telden her tele bir akort olmak, dorukların dağlarına tutunup kalmak, meydanlarda, halaylarda diz kırıp gülmek varken, sen sar ve sor beni bırakıp gitmek varken...

Çünkü sana gelmiştim, dağılmıştım, sevmiştim; en umulmaz o sularda vurgun yemiştim...

(Artık sen... Sen Feride olsan da,
bana böyle delice göz kırpan yeryüzüne kansam da, kansam da mahvolmuşum kız, mahvolmuşum!)

LII

Her yağmur bir gök bulur elbet kendine; her yeşil bir dal, her su bir damla, her ateş bir kül, her takvim bir yıl bulur kendine! Her yangın bir duman, her öğrenci bir okul, her artı bir eksi, her yol bir taşıt, her soru bir yanıt;

Her Aragon bir Fransa,
her Fransa bir Elsa...

Her Karacaoğlan bir zülüf bulur (yeter ki bakmayı bilin, her yârin zülfü vardır); her ressam bir tuvâl, her kış bir ayaz, her kitap bir okur, her şarap bir adam bulur kendine; (yeter ki şarap, şarap olsun, içen çıkar...)

LIII
Her deniz bir martı, her ömür bir tufan, her rüya bir uyku, her nota bir şarkı, her mezar bir ölüm, her ağaç bir kök, her dağ bir duman, her güneş doğacak bir kuytuluk bulur ya
kendine, bulur ya;

ben
senden
başka
sen
bulamam...

B u l a m a m!

LIV

Paramparça kıldım şiirimi.
S
o
n
r
a

a
ş
k : Sonra!

/Ve ben gittim yüreğimde kan gülleri.
Siz de o aşkın teninde dinamit sayın beni!/

1989 /Bağlar, Diyarbakır

HER ÖMÜR
KENDİ GENÇLİĞİNDEN VURULUR

(1990-1992)

1. Baskı: Ekim 1993, Başak Yayınları
2. Baskı: Şubat 1996, Doruk Yayınları
3. Baskı: Eylül 1998, Doruk Yayınları
4. Baskı: Mart 2000, Scala Yayıncılık

Not: Bu kitabının 2000 yılından sonraki yeni baskıları, 1992-1999 yılları arasında yayınlanan dört kitabının da bir araya getirildiği "Aşk Bize Küstü" adlı (Bütün Şiirleri: 2) ve 2015 yılında "Her Ömür Kendi Gençliğinden Vurulur - Bütün Şiirler" kitabıyla birlikte yapılmıştır.

AŞK DİNMEMİŞTİR

Aşk,
dinmemiştir;
yine de dalgındır elleri
ve sıcaktır bir yurt kadar...

Bir de burada uçurum kokar kadınlar.
Susarlar... Geceler boyu susarlar.
Yorgun tenleri terli avuçlarla.
Kırık bir dal,
yağma bir bahçe ömür...

Yağmur dinmiştir
de bilinir dinmemiştir korku.
Hava çığlık ve tükürük kokmaktadır.
Bir de geçip gidince atlar ve şarkılar,
geride bütün suları bıçaklanmış bir akşam.

Bütün suları bıçaklanmış,
rengine rehnedilmiş bir akşam;
unutmuş sevişmeyi,
sebebini
ve kendini,
bir akşam...
Ben de bütün kıyıları kurşunlanmış bir aksam,

ses ölmüştür artık.
Geriye kalan kendisi kokmaktadır
ve şubat ayaz, çığlık uçurum kokmaktadır.

Çünkü sevda bir ayaz-
sa artık bütün gülüşler tutukludur.

/Bu yüzden gökyüzündeki son ıslak bulutu da
biz çözeceğiz.
Ama daha çok tüfek ve daha çok aşk gerek.../

Aşk gerek!
Çünkü önce aşk, sonra göç başlar.
Göç başlar
    s   v   u   u   a   k   a
      a   r   l   r   ş   l   r

Geride bütün suları bıçaklanmış bir akşam...

KARŞI SABAH

Şimdi bütün sular ağır ve ıssız akmaktadır,
sabahtır.

Sabahtır, bırak tenini açlıkla sarsın
bu yangının alevi.
Sonra alıp başını gitmekse günler,
alıp başını ölmekse,
ölümü de şiirlere germeli,
ölümü öldürmeli!

O adamlar çok adamlar etmeli.
Ama adamlar günlerin dininde dinamit gibi,
adamlar bu yaslı çarşılarda hep üşümektir şimdi.
Böyle zincirlere bir ekmek olmaz...

Bu insanın sınırlılığı dedim sabaha karşı;
bu da sınırsızlığı sözün.
Sözü de şiirlere vermeli;

ne güzel, vermeli,
sabaha karşı...

Sonra açınca penceremi rüzgâr sesleri
ve ışığın kıpırtısıyla kırlangıç sürüleri.
Açınca penceremi,
ben damla damla şiire vuruyordum,
gün ışığı dalga dalga içeri...

Sabahların önünden değil,
ardından gidelim sabaha karşı.
Sanki bütün sabahlar bana karşı!

Şiirleri sabahlara gerelim;
a y d ı n l ı k o l s u n..

HER ÖMÜR
KENDİ GENÇLİĞİNDEN VURULUR

-*İsa'dan sonra XX. yy.*-

Yaşarken de söyledim kimse bilmeyebilir bunu;
Fatiha suresi kadar eski,
günlerin çarmıhında İsa kadar yaslıyım
ve tanrılar kadar çok yaşadım;
kimse bilmeyebilir...

Daha kırlangıçları yalancı bir dünyada yaşıyorum,
dağları yıkılan, dalları kırılan bir dünyada.
Kayıp suretler için fotoğraflara koşuyorum;
kimse bilmeyebilir...

Günlerin çarmıhında ayrılıkları saydım,
bir hançer sapladım nevrozlu bir sevgiye;
kan bile damlamadı, yürüyüp gittim.
Yüzüme yalancı bir sevinç iliştirdim.

Fal bakan çingeneler esmerdi, yalancıydı,
dönmeyecektin!
Belki çarpa çarpa akacaktım o denizlere;
İntiharlara aktığım gibi o denizlere,
bilmeyecektin!

Çıkıp Sina Dağı'na
İbranice konuşacak, İblis'i kovacaktım;
İblis'i
kovmak
belki,
yarısını dünyanın kovmak demekti...

Bir gülün bir odayı,
bir leşin bir semti kokuttuğu kentlerde
bir ömür,
çarpar,
akar
da nasıl eskitir yatağını kimse bilmeyebilir...

Tanıktım,
yargıç
ve sanık;
yürüyüp gittim.
Yüzüme yalan bir mutluluk iliştirdim.

Günlerin çarmıhında İsa gibiydim!

Günlerin çarmıhında
seni ağrıyan yanlarımla sevdim,
tutuklu kollarımla.
Birer birer aralarken bu kentte kederleri.
yokluğunda burada yıllar verdim.
Yokluğuna
burada!

Herkes bilecek bunu;
tabancaya gerek yoktur...
Tabancaya gerek yoktur!
Sen haklı bir cinayetsin günlerin duvağında:
Her ömür, kendi gençliğinden vurulur...

AHVÂLİM AVCILARDADIR

"Bizim zahmumuza merhem bulunmaz
biz kudret okunda gizli yaydanuz.
Yedi derya bizim keşkülümüzde
hacim umman ise biz de göldenüz"
                -Abdal Musa-

Verem bir hayattır burda terkisinde zulmeti, kefeni koynunda. Faizli gelir ölüm dağıtır asâleti. Ceylan derilerine kanla yazılan ahvâlim avcılardadır.

Ahvâlim avcılardadır; oluru yok kendimi inkârın da! Baksan içime dağlara çıkar sokaklarım. Oluru yok yazgımı itirafın da!

Asırlar ka(dar) kelepçeyim. Kırılmış oklarım, kesilmiş ağaçlarım; dumanına yasak ataş gibiyim yastadır oğullarım.

Yastadır oğullarım ey ah û zar!

Kimselerin görmediği bir ormanım, içimde yeşiller tanışır. Ataştır, közdür yüreğim ağrıma küller karışır; çün yetimdir aşk. Ayaza keser
de böğrümde kartallar yarışır...

Dağda duman, yürekte köz ve yanık kokusu.
Kokusu genzinize bulaşır
da siz susarsınız!

Siz susarsınız;
ama aşkların zulasında yine sevdalılar oynaşır.

Çarp gönlünü ko savrulsun bu tarûmâr aşklara!

Daha ferman hançerliyse sevda firari, nâ'çâr ve soluk çırasında gecelerin külhan yürekler; hançer vurduğu yere, ısrar tarihin ibresine yakışır.

/*Çarp gönlünü ko savrulsun bu tarûmâr aşklara.*
Vur aşkının hicranın firar yolculuklara!/

MEVSİMLER VE ŞARKILAR

-78 kuşağına-

Günlerde ve gecelerde doludizgin.
Doludizgin... Koşumlar yitirdik!

Daha her birimizin bir parçası bin yerdedir;
daha parçalarımızla meşgulüz, çocuklar,
kimse bilmez parçalarını bizim kadar...

Mevsimler ve şarkılar çok eskimiş olacak;
döneceksin, belki sen de.
Savruk bir ömür paramparça dönecek ardından.

Döneceksin, küllerinle...
Küllerinle dirilip yeniden o yangından,
"sırtımıza kimse yüklemeden biz bu dünyayı
Sırtladık," diyeceksin, *"ama kurtaramadık*
ve kurtulmadık!"

Artık gölgelerimizden başka kimse yok görünürde.
Yangın sönmüş, küller evini arıyor elin göğünde.
İşte "büyük günler"in düşünden "küçük an"ların gerçeğine.

Dünyayı keşfetmek için yola çıktık.
Unuttuk bir sokağın ucundaki soluk perdeli evlerimizi;
d(erken) kurtaramadık da birbirimizi...

Şimdi sevmediklerimizi sevmeyi deniyoruz.
Yaşadıklarımızı değil,
artık y(aşamadıklarımızı) özlüyoruz...

YENİK SERÇE

Yaban
ve asi
dağlara dağılan taylar gibi.
ve yangın
gençliğinin alazında ışıltılı bıçaklar gibi.

Adana'da yollara dizilmiş garlarda,
çığlık çığlığa peronlarda çocuklar gibiydi gözleri.

/Adı Nevin,
şarap içer, rüzgâr giyerdi geceleyin.../

O, kanadı kırık bir kuştu,
beyaza vurulmuştu;
kimseler görmedi bir başka renk sevdiğini.
Kimseler...
Görmedi kimseler kirlendiğini...

/Adı Nevin,
hüzün kokar ve korkardı geceleyin.../

"Kendini martılarla bir tutma" derdim; *"senin kanatların yok. Düşersin, yorulursun, beni koyup koyup gitme ne olursun!"**

O, kanadı kırık bir kuştu,
gülümserken vurulmuştu.
Kimseler görmedi uçtuğunu.

/Adı Nevin,
özlem tüter ve ç(ağlardı) geceleyin./

"Işığın" diyordu: Kırılıp düştüğü yerlerden geliyorum; karanlık kördü ve acımasız. Ellerimle kırdım ben de kalan kanatlarımı; kanatlarımı kanatmaktan geliyorum...

O bir yenik serçeydi sıkılınca ağlamaya çıkardı. Sonra da çift çıkardık; kar yağardı, biz dinlemez, çıkardık! O kentte bütün sokaklar biz yan yana yürümeyelim diye dar yapılmıştı, insanlar dar yapılmıştı, çıkardık!

---

* Attila İlhan

Kar durmazdı, üşüşürdü saçlarına ve hep bir şeylere
ağlardı o karlı havalarda. Avurtlarına çarpan kar taneleri, gözyaşlarının sıcaklığına çarpıp erirdi. Erirdi... Biz
yan yana, yana yana... Yana yana!

/O bir yenik serçeydi sıkılınca ağlamaya çıkardı,
ben yürüsem bütün yollar ona çıkardı.

Gitti... Kanatları yüreğimdeydi.
Kalan elimde minyatür bir kuş şimdi.
Yitirdim o aşkın kimliğini;
h ü k ü m s ü z d ü r ...

/Adı Nevin,
ihaneti tutuşturduk bir sabahleyin!/

BAĞIRSAM
UÇURUM GİBİDİR SESİM

Elimi versem, uzaklarda biri var;
uzaklarda biri!
Bağırsam uçurum gibidir sesim.

/Yasalara göre uzaklarda biri yok.
Bağırsam, yasadışıdır sesim!/

Konuşma,
sansür;
yürüme, ölüm!
Yaralı
çarşılar
gibidir
sesim;
ellerim, uzaklığım karalı çarşılar gibi...

Uzaklara bütün çiçeklerin adını sayarım,
gelmez!
Hedefi yitmiştir bütün çağırışların;
yalnızlık ölmez!
Gün
dinince,
dinmeyince ben,
bağırsam uçurum gibidir sesim...

NİCE KÜLLERDEN

İç cebimde
sol göğsümle,
senin o dalgın ve dargın yüzün,
susuyor...
Sanki ağrımış, ağlamış bir hüzün.

İç cebimde
sol göğsümle,
o renksiz günlerden kalan geriye;
nereye gitmişliğin?

Ah, bir de beklememişliğin!

İç cebimde
tarihsiz
ve tarifsiz suretin senin,
her sabah giyinir benimle,
düşer düştüğüm yere ve dönüşlerimde eve...

Dönüşlerimde,
düşlerimle
iç cebimde
sol göğsümle
bir fotoğrafsın
nice küllerden geriye...

HÜZNÜMÜN OĞLUDUR BÜTÜN ANILAR

I
Öfkeyle nöbetinde tükürürken bir asker,
cesur ve esmer namlular gürlüyor dağda;
bir de silahların en büyük patlaması,
gözlerinin gözlerime değdiği an'da.

II
Gittin...
Gülüşleri gülüyorum.
Gülüşleri...
Benimmiş gibi.

Savurdum sevinçleri!

III
And olsun dedim ve aşk olsun; yoksun.
Yoksun!
Bu takvimler, belki bir gün
sana yeniden rastlamak için...

IV
Seni bulsam,
"Bağışla" diyecektim, kıymetini bilmedim.
Hüznümün oğludur bütün anılar.
Seni çok özledim...

DAVACI

Her sabah ölürken yenibaştan,
ölüm kirletirken her sabah yeniden ellerimizi,
ben böyle gelip geçen gemilerin çiğnediği bir deniz;
kendine savrulmuş bir kül,
ısıtamayan bir ateş belki de.
Dağıtır özlemini sensizliklere...

Ben böyle her sabah bir rüzgâra atılan;
nicedir sürgün senin göğüne.
Seni kim bırakmış bu kente?

Seni kim,
kara kitaplar arasında kıstırılmış kendiyle?
Seni kim
kirli günlerin ayazında?

Seni,
soluk soluğa soluksuzluğum...

Daha akarsular emzirir yüzün.
Sen, içimde, ama dışımda en uzak
ve en yakın yolcu.

Yolcu...
Ayaklanmalar gibi yüreğimde.

Her sabah ölürken yenibaştan.
Ölüm kirletirken her sabah yeniden ellerimizi.
Yüzün senin, yalnızlığın adresinde.
Adresinde gül kokar, gül bakarsın.

Seni
kim
bırakmış bu kente?
Bir yanına keder keder öleyim
de bir yanına düşeyim uçurum diye!

Seni taammüden bana savuran bu kentten davacıyım;
gözlerinden de...

AŞKLARIN YETİM RENGİ

*-Yalnızlığımda seni büyüttükçe kalabalıklaşacağım;
sen kendi kalabalığında hep yalnız olacaksın...-*

Kapattım ucu kıvrılı yerinden bir defteri;
bir defter adınla hükümlü şimdi.

Sen feodalizmin kara dilberi,
gündüzlerin gölgesindeydi sevgi.
Gölgesinden gündüzlerin iklimler geçti.
Sesin şimdi kanayan bir gül gibi
kangren.

Sen orada
bir korkuda,
bir şarkıda,
ölüm susan uğultuda.
Elleri ayazlarda sen orada.
Esmerliğine rehin feodal şatolarda...

Uyurken sen hasretin avlusunda,
gündüzlerin gölgesinde oturuyordum.

Sonra boşuna çizdim karanlığa resmini.
Boşuna! Ezberleyip hasreti...
Oysa nasıl istersen öyle gebertebilirdin beni.

Nasıl istersen!
Artık sulara k(atalım) aşkların yetim rengini...

BİLEKLERİMDE
BAYAT BİR İNTİHAR

Geliyormuşum;
pencerelerde yaz
ve bileklerimde bayat bir intihar.

Oysa ölünecek bir şey yokmuş
gidince sen,
yaşanacak bir şey olmadığı kadar...

Yanıyormuşum;
vardığım yere bırakıp kendimi.
Atlasında yeryüzünün
çılgın
ve çirkin
ve hüzünle oyalanan.
Yüreğimde kül tadı nice yangından kalan...

Ölüyormuşum;
senin saçların uzuyormuş üstelik.
Ölünce ben, cıgarayı da bırakıp taksit ödüyormuşsun.
Bedenin tecritmiş geçliğinden,
ikisi de yalnızmış
geceler öpüyormuş memelerinden...

Bense geçliğimi pazarlıksız
ve hızla geçtiğimden.
Bugünler saçlarımla birlikte şiir yazmayı da kısa
kestiğimden;
piç kalmış aşklarla avutup kendimi,
bileklerimde bayat bir intiharın dikiş izleri,
gelip geçmiş yılların diş izleri ömrümde.

Neşter ve Gül'müş hayat.
Gülüyor... Gülüyor... Gülüyormuşum...

NİHAVENT MAKAMINDA

Nereye gitsem gittiğim benim değil;
keder çerçeveliyorum şuramda.
Sonra bir Beşiktaş vapuru denize atıyor esmerliğimi.
Kuşlar uzaktır sonra;
yorgunluktur bulvarlar yine nihavent makamında.

Nereye ölsem öldüğüm benim değil.
Artanım böyle ölüme eksildikçe her sabah.
Ruhsatsız namlularda tetikler benim değil...

Sonra imansız, imlâsız bir aşkla
o kadın, dürtüyor beni uykuda:
"Sevgimden ve kendimden korkuyorum.
Sarıl bana. Sarıl bana..."
Hep erken salıyorum onu sabahın bozgununa.
Kuşlar uzaktır sonra.
Yorgunluktur bulvarlar yine nihavent makamında.

Yansam...
Yansam yandığım benim mi?
Artık külüm artan o yıkımlardan
ve kalan dağınık, sevgisiz yataklardan.

Yaslıyım, bozgunum, uykusuzum da.
Gel, iki cehennem olalım günlerin yangınına;
ter düşürüp yataklara...

Kuşlar... Kuşlar uzaktır sonra.
Yorgunluktur bulvarlar yine nihavent makamında...

SENİ BİR TUFAN GİBİ SEVDİM

(Martılar gelmezdi ki sizin oradan.
Martılar sizindi ey evlerinin önü deniz...
Bizde susan kartallardan, dağlardan size haber veririz;
bir bakımlık deniz, bir avuç imbat göndermediniz!)

Seni bir çığlık gibi sevdim.
Uzanıp sesimin avlularına sen de her sabah.
Her sabah sevince o sevgiyle gideriz.
Sonra durur vitrinlerden çiçekleri seyrederiz;
puştluklar bizi seyreder, biz çiçekleri...

Seni kar gibi sevdim;
Önce üşüdüm,
sonra
e-
ri-
diim!

Bak, kentleri de, dağları da bozdular;
başka rüzgârlar giydirdiler kentlere,
dağlara başka tüfekler.

Kalk,
gidelim;
buralardan gidelim!

Seni bir namlu gibi sevdim;
sen ise tetiklerimi ezberliyordun.

Kıyametler koparken alnından bu kentin,
geceydi, seni bir tufan gibi sevdim.
Bedenim alabora...

NOTALARI KURŞUNLANMIŞ
BİR ŞARKIDIR YALNIZLIK

"Le Bruyere, bir yerlerde, 'yalnız olmamak gibi büyük bir mutsuzluk!' der. Kendi kendilerine katlanamamaktan korkarak kalabalıkta kendilerini unutmaya koşanları uyandırmak ister sanki. Bir başka bilge, yanılmıyorsam Pascal da, 'neredeyse bütün dertler odamızda kalmayı bilmememizden geliyor başımıza' der..."

-Baudelaire-

Yalnızlığın Atlası:

I
Hayat, çarpar ya ağırlığını camlarına evlerin, ışıklara aldanmayın, evler de yalnızlıktır, evler de...

Siz çekersiniz gece büyür, gece çeker de bazen siz küçülürsünüz; geceler yalnızlıktır...

Yalnızlığın tablosunu çizer ufukta biri, atlasını yalnızlığın uzak sularda bir gemici; birileri sınırlar koyar, haritalar basar biri. Oysa harita basan bütün matbaalar suçlu, bütün silgiler yalancıdır. Haritalar yalnızlıktır...

Kaç bin ışık yıl uzağız belki de en uygar gezegene.
Ay tutulur-
sa ay orda bir yalnızlıktır.
Yalnızlıktır emzirdiğimiz göz göre göre...

II
Yerkürenin son jesti insanın dehşet yalnızlığı olacak.
Biz yine çiçekleri sulamayı unutmayalım, ama yalnızlığımız çiçeklere de kalmayacak...

Bu gezegen her gün milyonlarca ton ağırlaşıyor; her gün aşksız azalıyoruz. Azalıyoruz, çoğalıyoruz; ikisini birlikte tartsak azlığımız çok gelecek.

III
Bir ölüdenizdir yalnızlık... Bir çınarın upuzun gölgesidir çınar boylu yalnızlık. Atlasına akbabalar, haramiler tüner de, kendi olmakta diretir yine...

IV
Her insanda birden doğan, ama can çekişip ölemeyen yalnızlık. Herkes bir evrede anlar bunu; kimileri de menopozlarda, antropozlarda, bir gözaltında, uzun bir yolculukta ya da.

Dal değil, köktür yalnızlık; kurumuş olmalıdır ve bir daha yeşermez...

V
Okyanuslar analarıdır denizlerin; gökyüzünün anası yok: Gökyüzü yalnızlıktır.

Kalabalık, kabarık verirsin kavgalarını. Bin yumruğun tek olup göğe doğrulduğu günlerde, akşam, dönerken evine poşetin kadarsın.

Yazıyorsan, duyarlığınla yalnızsın kendi derininde; duyarlığınla suya yazılan sözlerle. En az yalnızlık çeken şairlerdir yine de; bölüşürler seslerini birlerle, ikilerle, beşlerle, ama beşlerle...

VI

O, sevgiyi kendi için istiyor; sevgisiyle yalnız. Aslında onu değil, ben sevgimi seviyorum, sevgimle yalnız. Yalnızlığı deşiyorum yapayalnız, yapayalnız! Sonra bölüyor, bölüşüyor, topluyor, çarpıyor ve çıkarıp giysilerimizi birer birer sevişiyoruz; susup kalıyoruz belki, çekip gidiyoruz ama geride kalanın adını yalnızlık koymaktan neden ürküyoruz?

İşte kadınlar da, erkekler de doymaz uzuvlarıyla birer yalnızlıktır. Doğasının insana ihanetidir yalnızlık; özünde yaşamın da, ölümün de birer ihanet olduğunu kavradığımızda sorun yok...

VII
Tek kişilik kalabalıktır aşk.
Aşk tek kişiliktir; ikinci kişiye bilet yoktur.
Kendinin yayasıdır aşkta ikinci kişi, kendinin mayası; herkes kendi sevgisini sever...

Aşk nedir İncil'e göre? Nedir Tevrat'a, Zebur'a, Kur'ân'a göre? Bu kitaplardaki aşklar, küfürler neyin rengine göre? İnsandır, insan aslolan: İnsana göre...

Bir bedeni o kıyısızlığa bırakma saati geldiğinde gitmek bir yalnızlıktır.
Bütün gitmeler yalnızlıktır kalmaya göre...

VIII
Sevginin ve cesaretin cesetleriyle günler ağır ve kirli, tortusunu bırakırken ömrümüze; günler düşlerimize, özlemlerimize. Uzaklığın şakağında kaç namlu kim bilir yakın olmasın diye?

Sonra biz, burada uçurumlara teslim gençliğimizle...

IX
En rezil parayla insan arasındaki yalnızlıktır; hiçbir inanç, hiçbir ideoloji, hiçbir aşk, hiçbir kitap bu yalnızlığın kurallarını bozamıyor.

Bu da bir yalnızlıktır...

X
"Yalnızlık bir yağmura benzer..."

Yağmurdan önce biz, bütün çılgınlıkları bir bir bölüştük. Bir bir türküleri, telaşlı koşuları; silahları, tabuları, ayrılıkları; çoğaltıp yalnızlığımızı feodal tekkelerde, ellerimizin üzerinde bir el bile yokken bölüştük vuruşları.

Sonrası geceydi ve yalnızdık çoğalttık susuşları... Yağmura yakalandığımız geceye çarptık; geceye hiçbir şey olmadı. Ama biz paramparçaydık!

Ve hayat gasp etti o mağrur duruşları...

XI
Hâlâ dağların üstünde, zambakların içinde işte şu hayat; destan ve yalnız hayat!

Yalnızlığa halay halay ellerim; kırılası, kırılası ellerim! Benim ellerim, yuh ellerim, şair ellerim. Kalemini silahıyla koruyan; kalemi de, silahı da yalnız ellerim...

"Yalnızlık bir yağmura benzer."
Yağmurlarda sırılsıklam ellerim..

XII
Daha birileri bir yerlerde yaralardan söz ediyor; sonra binlerce ses o bir sesin üstüne, belki de yüz binlerce. Ama kime anlatılır ki yara, orada yara olarak yalnız.

Yarayı anlatan, anlatırken;
yara ise orada yara olarak yalnız.

Destan ve yalnızdır hayat kırılası ellerim.
Herkes kendine göre bir yalnızlıktır...

XIII
İyi ki doğmadınız hiç doğmayanlar ya da doğması olasılık kalanlar. Doğarken, biz de spermdeki olasılık kadardık; o olasılıkla doğmak veya doğmamak üzere yalnızdık. Şimdi yaşamak ve ölmek hâlâ bir olasılıktır. Hep mengenede, kederde en çok da yaşamak bir olasılıktır.

Yalnızlığı sevişirken eksiltiyor, eskitiyor ve eskiyoruz. Geceler insanlığımız, insanlığımız yalnızlıktır...

XIV
Giderek insanlaşıyor, uygarlaşıyor ve insansızlaşıyoruz...

"Görgü tanıklarının ifadelerine göre": Dağınık yüzü günlerin ter ve keder içinde; zanlıları her sabah o resmi geçitlerde...

İşte hayatlarımız intiharların ve cesaretlerin sustuğu yerde; hayatlarımız diğer hayatların da cesetleriyle...

Hayatlarımızda kimselerin bilmediği yalnızlıklar; ama kimseler bilse de, bilmese de yalnızlık var ey bütün yalnızlıklar...

XV
Şimdi travestiler kalçalarında ve silikon göğüslerinde biriken yorgunlukla Dante'nin "İlahi Komedya"sını konuşuyorlar sperm kokan duvarlarla.

O yırtık, yamalı ve yaralı sevgilerden, o kaypak sevgililerden geride hep namuslu bir orospum oldu benim de; tünediler yalnızlığıma hüzünlü bir yüzle o gecelerde.

Sonra günlerin de üzerinde bir hayat; sürgit yoğunlukların, yorgunlukların, öfkelerin üstünde...

XVI
Şimdi güzel bir deniz karşımda; korkunç çırpıntılı, dehşetli mavi bir deniz tutmuş da bir ucundan b(akıyor) uzaklara.

Uzak, uzaklığında,
ben kendi yakınlığımda yalnızım;
ortalarda olsam da ortalı yalnızlıktır...

XVII

Böyle yakın uzaklıklar ve uzak yakınlıklarda hep yalnızlıklar ve "yalnız değiliz" derken de yalnız!

İşte cesetler ve cesaretler içinde aynadaki suretimi tuzla buz ediyorum; keder ırmakları akıyor ortasından. Sonra bir kırlangıç sürüsü kanat çırpıyor uzaklara; yollara ve yolculara bakıyorum da şarkıların kırık dökük notaları saçılmış sokaklara.

Herkes kendine göre bir şarkıyı tutturmuş yangınlar ortasında!

/Yangınlar ortasında
notaları kurşunlanmış
bir şarkıdır yalnızlık.../

BİZE DÜŞEN YANMAKTIR

Ne mene şey şairlik,
dil'le deşilen yara ne acı.
Ama yaralar da iyileşir inan,
belki bir dize kalıcı...
Yanalım,
bize düşen yanmaktır.

Kıvılcımlar sıçramasın;
yan şair yaaann
belki tutuşur dünya senin ahından!

y
a
n
a
l
ı
m: Bize düşen yanmaktır.

/Düş ölür, sevda düşer;
bize düşen yazmaktır.../

CEHENNEM BİLETİ

(1993-1994)

1. Baskı: Kasım 1995, Öteki Yayınevi
2. Baskı: Mart 1997, Cem Yayınevi
3. Baskı: Haziran 1997, Cem Yayınevi

Not: Kitabın sonraki baskıları "Bütün Şiirleri II" (Aşk Bize Küstü) ve "Her Ömür Kendi Gençliğinden Vurulur - Bütün Şiirler" kitaplarıyla birlikte yapılmıştır.

BİR NEHRİN TÜKENİŞİ

Hasretin kan çanağı gözlerinde oturuyorsun;
seni soruyorum
hiçbir şey bilmiyorsun...

Hep bir çağlayan gibi senin sevdana aktım;
sen ise sularını kaçıran bir nehir gibi uzaktın.

Tükenişi bir aşkın
bir nehrin tükenişine benzer.
Ne deniz olabildin ne nehir kalabildin.

Kendin ol, kendin ol...
Sen buysan başkası ol!

Buysan, kederden öleceğim,
başkası olursan de kimi seveceğim?

/Ne Diyarbakır anladı beni ne de sen
oysa ne çok sevdim ikinizi de bir bilsen.../

DİYET VE ÖZET

-Av. Medet Serhat'ın anısına-

Ömrümüz derin suların özetidir;
âşıktır,
yabandır,
asidir.
Ömrümüz bukağısı kilitli esaretin sesidir.
Tekindir, çünkü tekildir...

Ve kapılarımızdaki devriyelerin nöbetleridir.
Ruhlarımızdaki devrilmelerin metnidir.
Yanımız yöremiz kuş iskeletleridir.

Ömrümüz dolaşır o diyar, bu yâr
memleketi neresidir?
Ömrümüz,
biz ölünce geride kalan giysilerin nesidir?

Ömrümüz asmaların dayısı, şarabın testisidir.
Ömrümüz efkârın gergefi, sevginin kardeşidir.
Ömrümüz suların, derin suların özetidir...

BİTME

Bitme, bak, içtim, yürüdüm, kederlendim.
Denize girdim, üşüdüm, sana geldim.

Düş bitmeden sen bitme. Bitmeden sevgi gitme.

Bitme bak, koştum, savruldum, hep örselendim.
Cıgara ziftlendim, ille de seni sevdim.
Uzaklarda öyle çok kederlendim.

Günler bitmeden bitme.
Bitmeden hasret gitme.

Bu yangın geceler, bu intihar.
Gidersen paramparça yüreğimde ağıtlar.

Bu dolunay gecenin göğsünü yarar.
Benim göğsümde de sana geniş bir yer var.

Düş bitmeden sen bitme.
Bitmeden sevgi gitme...

İDRİS

İçindeki çocuğu alıp kaç İdris,
bırak paslı hançerlerle parçalamayı uykularını.
İhanet torpil yapmaz,
hasret ardına bakmaz;
kır kanlı bıçakları,
içindeki çocuğu alıp gel İdris!

Bir mavi için ağlama İdris...
Bilirim, mağlûbiyet
esrik gülüşler ardında paramparça bir perde;
yeter İdris, vakur ol, onur var serde!

Anladım, vazgeçemezsin ondan, asla;
kardeşim, fazla alkol mevcut şimdi
damarlarındaki asil kanda.

Aldırma demiyorum sana;
aldırarak aldırma.
İçindeki çocuğu İdris, şu kirli hayata uyandırma!

İçindeki çocuğu alıp gel İdris,
coşkunu parlat ya da birkaç tek at;
küfürlerine tutunarak geç kaldırımlardan.
Sonra bir kerhaneye git ve oturup ağla.
Kerhaneleri bütün dünyanın,
aşk kangrenlerinin yıkık çarşılarıdır...

Aldırma demiyorum sana;
aldırarak aldırma;
içindeki çocuğu İdris, çocuğu uyandırma!

(Ve yıllar geçer,
İdris'lerin yüreklerindeki çocuklar daha ölüdür;
düşleri hâlâ terasta,
İdris'ler ise zemin katta kiracı oturur...)

GİDİNCE
KIRILMIŞ DALLAR GİBİ

Dışarıda gemiler sarmaş dolaş ay ışığında,
limanlar ayyaş
ve takaların süzüldüğü deniz köpüklerinde hüzün,
martıların kanatları kış güneşlerinde.

Şimdi ürkütülmüş gardiyanlar
kurumuş bahçeler taşırken yüreklerinde,
yurdum,
dağların alnını yine bensiz yaslamış güne!

Sevince ölesiye sevilir, kalınırdı;
gidince kırılmış bir dal gibi gidilirdi.
Sonra şehirler uyur, kalbim örselenirdi.

Gidince, upuzun, kırılmış dallar gibi.
Üşürdü ömrümüz saçaklarda kuşlar gibi.
Kederden...
Kederden geberten hasret ezberlendi...

Geliyorum köpekler gibi acı çekerek
Geliyorum hasretinin gözlerinden öperek...

MESİH ŞİİRDİR

-Şiire dönüşüme ya da şiirsiz dönemeyişime-

Bir ölüm,
hepsi bu;
yakın olur diye neden ürktüğüm?

Bir fotoğraf,
özlenen;
silip tozunu duvarlara astığım.

Bir kadın,
Koynumda;
aşktan sevinç devşiren.

Bir çocuk,
Uykuda;
düşlerle güneşlenen.

Bir sözcük,
peşi sıra koştuğum ah o soylu serüven!

Serüven, mesihtir;
mesih, şiirdir.

Mesih şiirdir;
gövdesine kan oturmuş ve kızılca gözbebeği,
o'dur gemisini alaborada yitiren kaptan,
yazmayı hep yaşamaya yeğ tutan.

O'dur ki bir bedevi,
kendi çölüne yağmurlar yağdıran...

Yine akşamdır...
Nutku tutulmuştur ufkumuzun,
gece kâh ayaz, kâh cehennemdir;
kalmışız, bu demdir, ne arayan ne soran,
uyku mahmurluğudur camlara vuran.

Mesih şiirdir;
bunu söyler akordeoncu Kâzım.
Bizim efkârımızda hep bir mızıka çalar;
yüreklerimizin avlusunda esrik bir keder konaklar.

Daha isterik hüzün sendromları.
Fırat'ın kıyısından ılgıt ılgıt yel eser;
ne desem şiir eser!

Mesih ey,
adım
adın,
adın
adım;
adım
adım
adandım.
Adamdım;
adını
adlandırdım:
M e s i h , ş i i r d i r !

YÜZÜNÜ ARADIM GEÇTİM

(Yitirdiğin her şeyde kazandığın bir şey var; kazandığın her şeyde biraz yitirdiklerin. Bu yüzden birileri hep ısınıp dururken dinmez üşümelerin...)

Ben de benim olmayan şeylerle varım; benim olan zaten benimse, işte olmayan şeylerle. Varsam, buradaysam belki de onlar için... Yüzün için belki de, yüzün nerede?

Birbirini tekrarlayan günlerin yaslı boğuntusunda nedir aradıkları insanların? Bu koşuşturmada, bin telaşla herkes birileriyle bir mutluluk düşü kuruyor; o düşle ıslanıyor, o düşle uyuyup uyanıyorlar; sonra düşleri yakıyor günler. Bu kez yeni bir düş daha kuruyorlar; sonra bir daha. Bütün düşleri yakıyor günler!

Yaşam yanılmanın, insanlar yanıltmanın ustası oldukça, yine yeni düşler deniyor ve deneniyorlar...

İşte her düşün peşine bir şarkıyı takıyorlar. Düş gidiyor, peşi sıra şarkı da... Bir de(n) paramparça oluşunu görüyorlar düşlerin.

Her düşle bir şarkıyı yakıyorlar... Şarkılar yakıyorlar, şarkılar yakıyorlar; şarkılar onları yakıyor sonra.

/İnsan,
insanın diyalektiğine tükürüyor; insanı yakıyorlar!

Bunları düşünüyorum ve akıp gidiyor günler siyah beyaz resimler hırçınlığında. Sormuştun ya, işte her şey ortada, her şey! Önce kuşları vurdular orada. Paramparça parçaları bir yana; bir bir savruldu yangınların ortasına kanatları da. Ben soluk soluğa peşindeydim, seni buldum! Seni buldum ya, bu kez seni vurdular orada, seni!

Her şey sürdü yine, her şey! Baktım daha durmuş da uzayın rengini demliyor asalak dünya. Baktım dağlar ve güller yine akraba; daha bembeyaz uyuyordu kadınlar o esmer uykularda.

Oysa seni vurmuşlardı, seni, orada!

Sonra gelip geçen her sabahla öyle susadım ki yüzüne yokluğunda. Yüzünü özledim, yüzünü, anlasana...

"Anlasana" diye yazdım ve üç nokta koydum yanına, ama boşuna, boşuna; "boşuna!" diye yazdım ve kalkıp dışarı çıktım. Saat 0.5'i birkaç dakika ve bir miktar saniye geçiyordu; ağaran günün teninden hafif sağanak dökülüyordu.

Yüzünü aradım: kalan kuşlar sen bu kentteymişsin gibi uçuyorlardı. İnsanlar kalabalık ve kabarıktı; silahları ellerine, tetikleri parmaklarına göre seçiyorlardı.

Uçaklar pike yaparken bu kentin göklerinde, bak dedim, bakacak bir göğümüz bile kalmadı işte! Yüzünü aradım gökyüzünde...

Yüzünü aradım: Sabahın tenine birer birer dağılırken işçiler; yüzünü aradım rastgele atılırken kahve önlerine iskemleler. Günler siyah beyaz resimler hırçınlığında ve ben burada bir eski çağ enkazında.

Kızlar, boyanıp kuşanıp kız kıza dans ederken düğünlerde, yüzünü aradım, kendi olan yüzünü düğünlerde. Sonra gelinler korkularını atmışlardı eşiklere; yorgunluktu sonrası işte, yüzünü aradım gelinlerde...

Yüzünü aradım, geçtim!

Geçtim: Şarkıları paramparça görmekten, bu sözleri yazmaktan geçtim! Oysa hep kalemimle değil, bir gün kanımla kıpkızıl yazmak istediklerim vardı benim de; onları henüz yazmamış olmaktan geçtim. Çalışma masamdan kalkıp elimdeki fincanı duvara çarpıp paramparça etmekten!

Geçtim: Sabahla birlikte kaynayan çorba kazanlarının kokularından, yol boyu uykusunu alamamış köpeklerin korkularından, çoğalan çocuklardan, azalan ağaçlardan, arabesk feryatlardan ve ucuz umutlardan...

"İyiyim, sağol, sen nasılsın"lı merhabalardan; ağır ağır yayılan çöp kokularından, farlarını kapamayı unutmuş taşıtlardan, feodal şatolardan ve yasalara yelkovanlık yapıp, kendinin saniyesi bile olamayanlardan...

Hızla kirlenen bir dünyadan hızla geçtim!

Geçtim: Sensizliğin tahriş olmuş sızılarından, egsoz homurtularından, cami avlularından, düşleri iğdiş edilmiş kadınlardan, yasadışı iş yapan yasa memurlarından. Ellerini çaldırmış ellerime bakmaktan geçtim, sensizliğe inanmamaktan...

Sis kaplamıştı kenti; dağılsa sanki bir bok varmış gibi. Sisleri yarıp geçtim. Yoktun, kendimden geçtim; kızdım, dağıttım, sana küfürler ettim. Bir bilsen sana ne güzel küfürler ettim; yoksa kederden geberecektim...

Gökyüzü tümünü de ağır ağır izledi;
gökyüzünün renginden geçtim...

Sonra yeni kuşlar üşüştü gökyüzüne. Bir sevindim, bir sevindim; gökyüzü yüzlerce kanattı işte! Ama sen, sen orda bir serçe gibi üşüyor muydun yine?

Üşüyordun ve bunu biliyordum; çünkü her şey ortada, her şey! Bak, kimin temiz bir göğü varsa kirletip bırakmışlar avuçlarına. Bu yüzden insanlar elleri ceplerde çıkıyorlar sabahlara.

Coşkular deprem, sevinçler sıtma...

Söyle yüzün nerede, yüzün? Nerede başlar bir aşk ve biter, nerede? nerelere gömerim seni ben, nerelerde ölürsün oysa sen.

Nerede, yüzün nerede?

Sonra çıkıp bu kentin uğultusuna çarpıyorum; bu kent de uğultusunu bana çarpıyor, çarpışıyoruz.

Bir sorudur: "Kurtarıcılar işgâlci olabilir mi? ya da işgâlciler kurtarıcı?" Sonra oturup yüreklerden damlayan terin hesabını tutuyorum; hesabını kimselerin bilmediği bahçelerin dudağında kanayan uzak güllerin, sevgiye bütün misillemelerin, gecelerin, seslerin, kederlerin... Karacadağlı bir çocuğun kan çıbanının, Şemdinli'de bir ağıdın, Kasrik'ten esen poyrazın ve Botan'da yakılan köy evlerinin...

Öyle acı ki her şey unutmak istiyorum! Kendimi bir menekşenin rengine, bir gülüşe k(atıp) unutmak!

Unutma düşüncesini bile unutmak...

Yitirmiştim o aşkın kimliğini, hükümsüzdü; hükümsüze hükümlü bir aşkı unutmak istiyorum... Sonra asker çocukları, mapus çocukları, ayyaş babalara sitemsiz çocukları, yitirilmiş çocuklukları.

Uçarı bir çocukluğu yitirmiş benim de yüzüm; yüzüm, zamansız ihtilallerde... İhtilalleri tutun, çocuklar erken yaşlanmasınlar!

Yarayı tutun, güçleri öpüştürün, gökyüzünü dönüştürün; yoksa ölünür alnında her günün. Ölmeleri hani sessiz, hani genç, unutmak istiyorum! Eski yoldaşların gözbebeklerinde kaynayan bir düşün düşüşünü unutmak. Unutmasam, kalemimi kendim için kıracağım!

Biz kapkara gecelerin göğünde küçük, ak noktalardık; bir düşünün ne aklıklar gizler gece; ne aklıklar öyle susar gecede... Ama öyle çok gecedir ki gece, aklığımızı büsbütün örtecek kadar.

örtülüşünü
usulca
aklığımızın
unutmak
istiyorum

İşte bu yüzden coşkulu değilim artık kabara köpüre nehirler gibi; siz orada kalabalık ve kabarık kalın, sağolun, yalnızlık iyi, yalnızlık iyi...

Yalnızdım, üşüyordum ey özlem! Beni bir gün bu özlem öldürecekti. Yakın o gün, beni yakın! Savrulup aksın küllerim Dicle nehrinden.

Akıp geçerken günler siyah beyaz resimler hırçınlığında, sormuştum ya, işte her şey ortada, her şey!

/Ben ölürüm; dağlar ve güller yine akraba.../

Artık gün doğunca bütün darağaçlarını kursunlar, kursunlar, kur-sun-laaar! Her şey bu kadar güzelken, böyle bir yanıyla sığ yaşanana, boğulana, savrulana, kirlenene dalkavukluk ve çirkinliğe figüranlık etmekten bıktıııııııım!

Ya kuşlar?
Sahi, ne demek ister kalan kuşlar?

İHTAR

Bir ömür düştü payına
tufan!
Çıldırmak için...

Düşler besledin güpegündüz
dövüşmek için;
uçurumlar besledin düşmek için.

(Artık bulduğun her sevgi kırıntısına sımsıkı kenetlen,
bırakma sakın, gitmesin; büyüdün artık iyi ört günlerinin üstünü üşütmesin...)

EKSİK AVUNTULAR

*"Bir şiir caddelerle ve lağımlarla,
azizelerle, kahramanlarla, dilencilerler,
delilerle dolu bir şehir gibidir (...)
Şiir savaştaki bir şehirdir.
Bir şiir, saati 'niye' diye sorgulayan bir şehirdir.
Bir şiir yanmakta olan bir şehirdir.
Bir şiir silahlar altındaki bir şehirdir."*
                -**C. Bukowski**-

Yağmurların eteğinden geçer çarşılar,
çarşılarda tokmak sesleriyle bakırcılar;
eteğinde çarşıların sahaflar, limoncular;
duraklarda, kuyruklarda bezgin ağrılar ağlar.

Ağrılar ağlar...

Kalabalık ağrılardır günler.
Tel kaçıran çoraplar, göğe ağan ağıtlardır;
kalabalık ağrılardır günler,
ak sulardır, şarkılar ve şaraplardır.

Kalabalık ağrılardır günler
hep eksik avuntular emzirirler...

Oysa yaşam sadece an'lar;
ağlarsa an'lar ağlar,
anlarsa an'lar anlar.
Sonrası anılar...

An'lar anlatılamaz, yaşanır
ve bir alaboraysa yaşam,
her şey yaşanarak anlaşılır...

GÜNLER
BAYAT BİR KÜFRE DÖNÜŞÜYOR

Eski bir taş plak eski bir konakta yankılanıyor.
Hasretim ensesinden vurulmuş ceylan.
İçimde ufkunu yitirmiş bir rüzgâr bağırıyor.

Bir kadın eşarbını kalkan yapmış yürüyor,
birileri anılarda ilkyaz gibi gülüyor;
anılarda eski kiremit testiler kırılıyor.
Ben o testileri iki lirayken bilirim.
Buz kırıp su satardık el ele tutuşup gündüzleri.
Düşününce yüreğim hançerleniyor
ve yaşlanınca günler bayat bir küfre dönüşüyor.

/Kalbim,
kalarak bendini yıkmayı unutmuş akıntılardan.
Kalbim,
her sabah hayatın çapraz ateşleriyle dağlanan./

Eski bir taş plak eski bir konakta yankılanıyor.
Mevsimler her mevsim yeniden ölüyor
ve herkes her şeyi bin kez,
ölümü bir kez beceriyor...

Eski bir taş plak eski bir konak...
Kalbim, böğrümde bir volkan yanıyor
ve durmadan mağlup adamı oynuyor sokakta biri.
Kendimle karşılaştığımda hep onu buluyorum;
"O, sensin" diyorlar, gidip yüzüne tükürüyorum.
"Vurma!" diyor:
–Yastayım...
Vurma, hasretin uçurumlarına düştüm...

Eski bir taş plak eski bir konak...
Her şair kendine bir cehennem kuruyor.
Eskimiş testiler apansız kırılırken,
yaşıyoruz ve ömrümüzü cehalet haczediyor...

BATMAN GARI

Döndüm lê gûle Batman'a vardım.
Batman'dan diyarbekir'e bir bilet aldım.
Kara tren bozuldu silvan düzünde.
O yalan yollarda hasretle kaldım...

Batman garında altı donuk yüz... Çığlık ve hınç böyle topraklar boyu; gökyüzünde turnalar ve gri... Ay ışığı geceyi ayartacak birazdan. Batman garında altı donuk yüz...

Birinci yolcu soluksuz; sanki ayazlarda yaralı bir geyik göğsü. İkincisi sevdalı: *'Sen beni bir kez olsun sevmedin/ Habar saldım gecelerde gelmedin,'* gibi kahır yüz. Üçüncüsü bir kadın, de ki şakağında dolunay Dicle'nin. Dördüncüsü, tekmil temsili bakış, sanki kurşunlanmış bir türkü Tendürek dağlarında. Beşincisi kandırılmış çocuklar gibi; yükü yatağı, kasketinde ter. Altıncısı ben; dağlı yaralar, yaralı dağlar gibi...

Batman treni bir feryat gibi gardan çıkıyor. Terli akşam alacası trene vuruyor, tren yollara. Ay öksüz bir geceden geçiyor ve biz öksüz bir gecede ayın altından geçiyoruz...

Gecenin terli göğsünde bir deli türkü. Bu türkü... Bu ne türkü? Türkü değil, çığlık bu göğünden koparılmış gibi mavinin...

O mavi? Ulan o bizim mavi! Mavide eşkıyalar da yitirmişler tüfeklerini...

Boş vagonlar yollara düşmüş batman düzünde. Gecenin terli göğsünde bir deli türkü... İşte Gevaş, uzaklarda yarasıyla susuyor, geride şark çıbanıyla Batman'ın göğsü, Silvan düzünde ateşler yanıyor... Bir ihtiyar: *"Biz ne doğmuşuk ki"* diyor: *"Ne ölek kardaş!"*

Batman treninde altı donuk yüz. Çığlıklar oturmuş gözlerinde büyüyor...

O saat Sirkeci'de martılar, aç çocukları o uzak suların. O saat Beyoğlu hınca hınç, Kızılay sersem. O saat nasılsın Yalova feribotu, Buca dolmuşu, Üsküdar iskelesi? O saat Bodrum kalesi daha sperm kokuyor, Çingene çadırlarında çengi çalıyor. O saat Köln'de bir mülteci sessizce hıçkırıyor, o saat gecede son ayyaş bir türkü tutturmuş rüzgâra kaşı, bir adam Adana'nın bulvarında kusuyor. O saat Artvin'de bir öğretmen gecikmiş düşlerini dövüyor...

O saat tarihin alnında ter, insanlık vahşetin gözlerine baka baka susuyor. O saat gecede bir kahpe kurşun, Diyarbakır'ın göğsünde bir adam düşüyor!

Boşuna çırpınma gökyüzü:
Yurdum kadar ağlayamazsın!

KUMRULAR SOKAĞI* ŞİİRLERİ

Yağmur dalgın bir efkâr giyinir Ekim'de.
Kumrular Sokağı'nda çekilmiş bir diş gibi kalırım;
çekilmiş bir diş gibi Diyarbakır'dan...

Ağrırım,
bağırırım
aldırmaz!
İlle de gökkuşağı giyinir gökyüzü her Ekim'de.

Kumrular sokağı bir kente uzayıp gider.
Gökkuşağım, ayrılığım,
ömür ki eskir ve aşka uzayıp gider...

Tırmalarken göğsümü sabrın sancısı,
yalnızlığın kül tadayım;
bakarım, yağmur utanmaz bulutundan
hasretin üvey adıyım...

---

* Ankara'da bir sokak.

Kumrular sokağında
efkârın adıyla bir akşamüstü.
Gövdesine tutunmuş dal, dala tutunmuş serçe,
telaşlı, o da kendince.
Sonra aşklarda kül, camlarda perde;
usulca harlanır sevişmeler de.

Kumrular sokağında
antlara hep bol geldim, küfürlere dar.
Dönüp baktım ne göreyim
yağmalamış gençliğimi yargıçlar!

Desene Sivas'ın kırık sazıyım,
kendimin ayazıyım,
kalbimde ölü çocuklar.

Tufanlar ardımda
ve buruşuk anılar.
Nedense hiç uslanmamış bozgunlar...

Oysa haklı ve haksız bütün kitaplar yazılmıştır.
Susuşlar eskimiş, küfürler edilmiştir.
Biliyorum, yalnızlıktan öte dostun yok insan;
insan ki bozuk paralarda bozgundur, yenilmiştir.

Şimdi bilekleri kesik bir intihardır yaşam...

Düştüğü yerde tanımazken kendi suyunu yağmur;
biliyorum, aynı dalda gül bile anlamaz dikenini.
Anlasana, anlatamaz kimse yıkımını başka yıkıma.
Cudi'de napalm Datça'da ıssız koylara,
New York Şırnak'a anlatılmaz.

Her gün yanar söner kasvetimle bin ateş.
Ö l ü m ,   d i r i l e r e   a n l a t ı l a m a z . . .

Bilirsiniz her sokağın bozuk bir sicili vardır
ve utancı sokakların,
günleri şehvete fedâ eden şizofren babalardır.
Utancı sokakların,
gözlerinde yalnızlığı bir hançer gibi saklayan kadınlardır.

Sonrası sokakların bozkırlardır,
hani bir ak tay düşüyle uzayıp gider
ve rüzgârların ıslığıyla göklere teğet geçer.

Oysa kumrular sokağı bir kente uzayıp gider;
gökkuşağım, ayrılığım,
ömür ki eskir ve aşka uzayıp gider.

Daha sevginin herkesten şikâyeti var.
Daha herkes kendi sanıklığıyla kör,
tanıklığıyla yargıç.

Bu yüzden söz,
bitmiştir...
Gökyüzü mü?
O,
kırgındır,
kirletilmiştir...

O UZAK GÖÇEBELER
EPEYDİR GÖÇEBELER

"Say acı olanı, uyanık tutanı say
Beni de onlara kat...
         -Paul Celan-

Nerdesin?
Beni anlamazsan duyulmaz sesim.

Masallar öldü,
o sevilen yüzler de.
Benim ömrüm ölü yüzlerle arkadaş;
yaslı sözlerle,
yitik güzlerle,
ömrüm infazlarda o güllerle arkadaş...

Hey güller, martıları bilir misiniz?
Kaç metre küp ter,
kaç milyon megavat keder yüklenir otobüsler,
Sorsam...
Sorsam anlatabilir misiniz?

O uzak göçebeler
epeydir göçebeler...

Masallar öldü,
öpülesi yüzler de.
Biz şu dağların buzulundayız.
El vurup yüz sürdükçe zamanın aynasına,
gördük ki hep tufanlar ortasındayız.

Masallar öldü,
yaralıdır düşler de;
biz aynı notalardayız,
köhne rüyalardayız.

İlkyazlar yağma,
esriktir gülüşler de;
hangi anılarla avunmadayız?

O uzak göçebeler
epeydir göçebeler...

Daha aşklarımız kuruyor, dağlar kuruyor;
hızla ölüyor her şey, hızla soluyor.

Bu yüzden kahrını dağlara salan uzak bir yıldız gibi,
yıldızını uzaklara salan kahırlı dağlar gibi,
yıldızsız dağ, dağsız yıldızlar gibi,
yaşamak bile bile:
Üstelik kuşlar gibi.
Üstelik kuşlar gibi...

Yine geceyi bir kurşun sesi vurdu;
kimse görmedi, kimse!
Fail de beraat, meçhûl de.
Ölüm oyununda duraklardayız...

Büyük sevgiler büyük ölürler.
Papatyalar, akarsular ölürler.
Kan sıçrar, seherin göğsüne vurur:
masallar ölür, düşler ölürler!

Oysa kim bilir ki,
yanağımda yangınlardan çok önce
eski yârin bıraktığı öpüş izi var;
yüreğimde oralardan kalan bir düş izi var...

Kaç ömür eskittik şunca yaşamışlıkta.
Nerdesin?
Nerdesin?
Beni anlamazsan duyulmaz sesim.

Daha bizi soracak olursan,
burada her şey hiç bilmediğin gibi.
Daha beni soracak olursan:
Meçhûl bir cinayetim şimdi!

CEHENNEM BİLETİ*

(Bir gün dönerdim...
Dönerdim yüzümde yarım kalmış öpüşlerin iziyle,
yüreğimde gümbür gümbür tüfeklerin sesiyle,
sırtıma kentlerde saplanmış hançerlerin iziyle;
dönerdim, bir başıma, bir damla. Ama damla;
değil mi ki herkesin bir hasadı var gönlünün avlusunda...)

Diyarbekir,
orada Hz. Yusuf'un kuyularında yıkımlar gezdim.
Yetmedi, düşler, düşüşler gezdim.
Akşamlar bin oku saplayan yay'dı;
vuruldum gezdim.

Büyük otobüsler vakur bir hüzünle ilerlerken,
ve o adamlar at izini it izine,
dost elini puşt eline karıştırıp gezerlerken,
yaşlı bir fahişem bile yoktu göğsünde ağlamak için...

---

* Bu şiirde bir bölüm, yargılanma nedeni olduğu için zorunlu olarak çıkarılmıştır.

Vatan, millet, Adapazarı, Beypazarı, bitpazarı;
derken,
ışık mı?
Yoktu! Evet, o yoktu.
Goethe orada yalancı filozoftu.
Türkülerim sanki yıllardır uykusuzdu.

Uykusuz gezdim;
bir kırıntı kalır diye o rüyalarımızdan geriye,
karışıp topraklara ot kaldığımız mezarlardan geriye,
Fırat'ın kıyılarında o ölü balıklardan,
yatağı kuruyan bütün sulardan
ve hep kanın çöreklendiği rüyalardan geriye.

Bir kırıntı kalır
mıydı yazgının da,
yazanın da suretine tüküren çığlıklardan geriye?

(Biz soluk desenleriydik yasaklı kumaşların; aynı ağıtların dili, aynı halayların mendiliydik. Ardımızda hızla geçen günlerin aymazlığı, sürüngen ve muhbir dillerin aymazlığı...)

Vatan, millet, Adapazarı, Beypazarı, bitpazarı;
bu yüzden ölü çocuklarız;
dönmedi güneşiniz hiç yazgımıza
ağaçsız mezarlarız...

AŞK BİZE KÜSTÜ

(1995-1997)

1. Baskı Eylül 1997, Doruk Yayınları
2. Baskı: Kasım 1997, Doruk Yayınları
3. Baskı: Nisan 1998, Doruk Yayınları
4. Baskı: Eylül 1998, Doruk Yayınları
5. Baskı: Mart 2000, Scala Yayınları
6. Baskı: Kasım 2001, Alfa Yayınları
7. Baskı: Mayıs 2003, Alfa Yayınları
8. Baskı: Kasım 2007, Öteki Yayınları
9. Baskı: Ekim 2012, Nemesis Kitap

Not: Bu kitabın yeni baskısı 2015 yılında "Her Ömür Kendi Gençliğinden Vurulur - Bütün Şiirler (1980-2014)" kitabıyla birlikte yapılmıştır.

AŞK BİZE KÜSTÜ

Biz bu kentlere sığdık da,
bu kentler bize sığmadı Asiya
ve bir çığlık gibi günlerin çarmıhında;
arttıkça yalnız, sustukça silik...

Ay ışığı gölgeleri büyüttü,
son kuşlar da vuruldular dağlarda.
Yakamozları söndü sahillerin, ışıkları evlerin;
çağın vebalı gövdesinde
bir hayalet gibi gölgemizde yalnızlık.

Kaldık... Kırık bardaklar gibi,
içilmiş sulardan geride buruk bardaklar gibi.

Düşler artık ölü çocuklar doğuruyorsa,
sevgiler boğduruluyorsa kürtajlarda
ve daha eskimemiş tüfeklerle
ordusu bozguna uğramış askerler gibi kalıp,
bozuk paralar gibi yuvarlanıyorsak kaldırımlarda,
bir bedeli vardır bu kuşatmaların,
ilkyazları kurşunlatmaların,
bir bedeli vardır elbet cennetini çaldırmanın...

Biz bu kentlere sığdık aslında,
bu kentler bize sığmadı Asiya,
ah, son kuşlar da vuruldular dağlarda!

Ay ışığı gölgeleri büyüttü.
Mutluluk oyununa geç kalan ölü kuşlarla geldim.
Geldim... Kırık bardaklar gibi,
içilmiş sulardan geride buruk bardaklar gibi.

Ve ömürlerimizde bin kasvetle upuzun
sefalet seferlerinin ayazı;
belki yalnız geçireceğiz artık kim bilir,
batan gemiler gibi yiten aşklardan geride
kalan her kışı, güzü ve yazı.

Ay ışığı gölgeleri büyüttü.
Ayrılıklar eskidi, biz eskidik;
aşk bize küstü Asiya...

Belki de uzun sürecek bu bozgunun saçağında
sen şarkılarını sesine yasla
ve bırak beni de usulca
apansız bir yalnızlığa!

Ayışığı gölgeleri büyüttü,
büyüdü ölüm
ve biz küçüldük Asiya...

ESMERLİĞİMİ SOYUNDUM

O yıllardan geride ne kaldı?
Yine de kalbimin çarşıları bütün yıkımlara iyi dayandı.
Esmerliğimi soyundum.

Esmerliğimi soyundum.
Sırtımda el işi hırkan,
kalbimde kelepçelerin.
Kıblesiz
ve uçuk rüzgârlardan sayıldım.

Dışarıda ıslak bir sabaha sökün ederken kuşlar,
yoktum,
artık bu gri şehirlerde mağlup
ve beyaz bir çocuktum.
Esmerliğimi soyundum.

Esmerliğimi soyundum, anıları giyindim.
Ne kaldı... Ne kaldı?
Aşkların görkeminden anılar kaldı

Esmerliğimi soyundum.
Giyindiğim mağlup çocukla bembeyaz
yalnızlığa koyuldum...

SAKLA YAMALARINI KALBİM

Ne gül,
ne yarın!

Gül, küle karılmış günlerin tortusunda.
Yarın, vurulmuş yatıyor bugünün avlusunda.

Sakla yamalarını kalbim...

İnsanlar büyüdükçe günler kısalırlar;
günlerimiz gibi aşklarımız da
yittikleri duraklarda kalırlar.

Sakla yamalarını kalbim...

Kendini bıçak gibi ışıyan yeni güne bağışla.
Yürü, arkana bakma, ama umursa.

B a z e n   a n ı l a r a   e n   ç o k   y a k ı ş a n   e l b i s e,
b i r k a ç   d a m l a   g ö z y a ş ı d ı r   u n u t m a . . .

TEĞET

Herkes kırılamaz;
ince bir dal olmak gerekir kırılmak için:

Ama dünya kütüklerin...

Ağlayamaz herkes;
ağlayabilecek kadar büyümek gerekir:

Dünya ise küçüklerin...

Sevemez herkes;
bir orman olmak gerekir sevmek için:

Bak ki dünya çöllerin...

Ve vâkur bir damla olmak
dalga için.
Katılmak okyanusa aşk için, isyan için...

YAKARIM GECELERİ

Bu aşkın nüshası rüzgârlarda
aslı bende kalacak.
Bizi hasret saracak, bulutlar çıldıracak.

Ayrılık başımı döndürüyor
kavuşmayı özlettin.
İntiharlar kuşandım bu aşkı sen kirlettin.

Geçtim borandan, kardan yitirdim bahçeleri,
ellerini tutmazsam yatamam geceleri.

Bu aşkın nüshası rüzgârlarda,
kahrı bende duracak.
Sende ihanet gülüm bende matem olacak..

Bu aşkın efkârı şarkılarda
yüzün bende solacak.
Bizi zaman yenecek
ve anılar kalacak...

Geçtim borandan, kardan yitirdim bahçeleri,
ellerini tutmazsam gülüm, yakarım geceleri!

İKİNİN ŞİİRİ

Bugün iki kez yağdı yağmur;
iki kez eskidim sanki.

İki ömrü kol kola yaşadım;
biri nergis bahçesi, diğeri mahşer yeri.

Hep iki şömine yandı yüreğimde;
birinde ateşti, diğerinde kül.

Ve iki kez âşık oldum;
bundandır iki kez ölmüşlüğüm.

Sonra bir serüvende ikiye böldüm ömrümü;
şimdi sömestrdeyim.

Ve iki kere iki, kitabımda benim,
ya çok eder ya sıfır...

SESİ KALDI

-Edip Cansever'in anısına...-

Şairim, masaya: *"Kim bulmuştu ki yerini/Kim ne anlamıştı sanki mutluluktan"* sesini koydu. Nisan'dı; bulutları morarmış bir ilkyazda sesinin yankısı vardı. Onun soruları bütün *"İlkyaz Şikayetçileri"*nin sorularıyla yağmurlarda sırılsıklamdı...

Her şey uyarabilirdi içindeki sessizliği. Küreksiz bir teknede çıkarıp flütünü kendinden uzaklara çalardı. O da bir zaman geçerdi tek yıldızdan üşüyerek; yürüdükçe dizelerinin imbiğinde incelirdi kent...

Şairim masaya *"Umutsuzlar Parkı"*nı koydu; park tenhaydı, ama rengarenkti hayat gibi, aşk gibi. Orada sözcükler seviştirdi; dizeleriyle *"Sevda ile Sevgi"*yi kesiştirdi...

Sonrası kalırken, sonsuzlukta şairin sesi. Elden ele, karanfilli! Daha "dağılmış pazar yerlerine benzerken memleket", kaypak rüyalara kaçardı yüzünde güz izleri taşıyan şairin esmer sevgilisi..

Şairim, masaya *"Tragedyalar"*ı koydu; destur adlı şiirden ve ateşin böğründe durdu. Yangının alazında şiir demledi, ağladı, seyreyledi.

Şairim, masaya *"Kirli Ağustos"*u koydu. Ağustos, kirini güz aylarına emziriyordu; sonra yapraklar sararıp savrulurken şairim ölüyordu...

Dizeleri hâlâ *"Bakmalar Denizi"*ni kulaçlıyordu; onun şiirinin Diyarbakır'da bile imbat kokması belki bundandı...

Şairim masaya *"Sonrası Kalır"*ı koydu. *"Masanın üstüne ne varsa koydu: masa da masaymış ha/Bana mısın demedi bu kadar yüke."* Sonrası kaldıydı, bu doğru.

Birileri az az içinde yaşıyordu; aşkı duyunca bir başına kalıyordu. "Bir pencere az, bir pencere çoğala çoğala." Şairim bir pencerenin önünde bir karanfile gülüyordu, karanfil ona...

O ki ölüme dek şiirle hep itirazda ve öyle bir tevazuydu ki yetindi toprakla, bir onunla... *"Kim bulmuştu ki yerini, kim ne anlamıştı sanki mutluluktan?"*

/Unutma, sesi geçti şairin yorgun, yaslı kalabalıktan./

DEFOLU ÇIKAN HAYAT
VE İYİ YÜREKLİ ÇOCUKLARIN SERENCAMI

Uzun boylu ağrılara atıldım.
Sokaklarda hırçın rüzgârlara katıldım.
İyi yürekli çocuklar sessizce büyümekte:
*"Dünyanın şavkı kendine,
efkârı bize mi?"* demekte,
kimileri taburlara, koğuşlara gitmekte,
kimileri sidikli döşeklerde upuzun uykulara
düşmekteydiler.
Uzaklarda yaşlı çam ağaçları sessizce çürümekteydiler.

İyi yürekli çocuklar,
günlerin rahmine yaslarken düşlerini,
bazen apansız ölmekte,
ölmekteydiler...

Ama şalvarları gül desenli Döne'ler,
dillenip yeniden döllenmekte,
doğrulup yeniden dillenmekte
ve sokakların, a(damların), kedilerin üstünden
rüzgârlar esmekteydiler...

(Gecede bir fahişenin koynunda uzun donlu, Nizipli bir tüccar üşümekte; kaçak elektrik kullanılan evlerde sümüklü oğlanlar "büsüvit" istemekte ve sımsıcak somunları kavrayan yaslı eller, balta girmemiş hayatın ortasından korkak ve küstah bir tevazuyla yürümekteydiler... İyi yürekli çocuklar düzineler halinde feleğe küfrederek geçmekteydiler; sonra gecede mart kedileri, ay ışığı, iniltiler ve hep aynı nakaratta köhne bir hayat...)

Sonra bildik törenler, kanıksanmış itaatler
ve her aşkın künyesine bir gün dökülen küller...

Sonrası pazar yerleri; patates, pırasa vs.
Taksitler ödenip kira yatırılacak bu ay da.
Bu ay da sürüm sürüm
turplara sıkılan limon damlaları gibi duraklarda.

Defolu çıkmış hayat kimin umurunda!

Kimin umurunda yeni donlar giyen eski kadınlar
ve bilumum "öteki"ler.
Dolup boşalan kül tablaları,
bozuk sifonlar, şerefsiz adisyonlar
ve yamalı bohçalar gibi uzayan yollar.

Kimin umurunda
buharlaşmış oğullarını arayan anaların acısı
ve yaşlı bir kemancının eskimiş papyonundaki keder...

/Sürerken ıssızlığın ödül töreni,
sen topla dur topla dur dağılan sevinçleri.../

" *-Vay anasını bu maçı da alamadık abiler;*
ipne hakemler bizi yine mağlup ettiler!"

İyi yürekli çocuklar sessizce büyümekte,
en pahalı düşleri dolara endeksleyip
en ucuz pazarlara sürmekteydiler...
Sonrası aşkın
ve şarabın şanına düşen gölgeler.

Gölgeler...
Kimin umurunda?
Yoruldu yorgunluk da;
aşk bir yana, düş bir yana!

Paranın sultası düştükçe...
Düştükçe aşka, ışığa ve şarkıya,
her şey hızla ayrışmakta.
Üstelik gün ortası, ışıkta.
Her şey pazar ve karmaşa...

/Sürerken ıssızlığın ödül töreni,
sen topla dur topla dur kirletilmiş düşleri.../

İyi yürekli çocuklar o saçaklarda, yollarda
ısrarla yanlış atlara binip
ısrarla düşmekteydiler.
Uzaklarda yaşlı çam ağaçları sessizce çürümekteydiler.

"-Yok yoluna geçti geçen günler
bok yoluna kaldı kalan günler geride!
Bu yüzden aşk dediğiniz nedir ki be abiler?
Camları buğulu bir genelev odasında
vizite fiyatına..."

Solarken
gecekonduların dar pencerelerinde bal gözlü kızlar.

Sürerdi...
Yine sürerdi mırıltılar
ve homurtularla hayat.
"Bu maçı da alamazken abiler":
iyi yürekli çocuklar sessizce büyümekte,
büyüdükçe kirlenmekte,
kirlendikçe ölmekte,
öldükçe bilmekte,
bildikçe acımakta,
acıdıkça görmekteydiler
ki her fırtınadan ve anıdan geride
herkes figüran yaşamın sahnesinde...

Sahnesinde yaşamın,
kentlerin kaldırımlarında upuzun dilenciler.
Minibüslerde ter ve çürük sperm kokusu.
Sahnesinde aşklarla rus ruleti
ve tel kaçıran çorapların kederi.

Sahnesinde brüt bir yaşam,
net bir ölüm,
bırak rezil gündüzleri
geceye yaslan gülüm.

İyi yürekli çocuklar o mahallelerden
düzineler halinde geçmekteydiler.
Uzak ormanlarda yalnız meşeler
sessizce büyümekteydiler.

" *-İşte bu vuruşlar sürdükçe,*
maç mı alınır ulan sayın abiler?
İpne hakemler bu sezon da bizi mağlup ettiler!"

Aşkta,
düşte,
işte
birer
birer
inerken
beyaz
bayrakları:

B i z i m   ç o c u k l a r ,
b ü t ü n   m a ç l a r d a   y e n i l d i l e r . . .

BİR LİSELİ SİLUETİ

-Ferda için-

Hayat hattında acemi tayfalardık.
Ne avunduk sevinç müsveddeleriyle.
A ş k t a n   i k m a l e   k a l d ı k ...

Bak her sabah bağıran yeni sabaha,
artık iklimler değişmiş, kuşlar da gitmiş,
tenimde eski ateş, gözlerimde fer bitmiş;
heybetli dağlar arasında
göğümde yıldız yitmiş...

Sen
hâlâ
anılarımın
en
beyaz
yanısın.

Sen, buğulu bir camın ardından izlediğim hayatın
yarısısın.
Sen, sağanakla gelen sabahlarda çok eski.
Çok eski bir şarkının adısın...

Daha adamlar şehirlere otomobillerle,
geceler anılarla birlikte gelir.
Silüetin giderek uzaklaşır, düşler de kilitlenir.
Efkârım bir yaralı ayrılıktan beslenir.

Kimse bilmez,
yıllar yılı hep aynı beyazla gezmek nedendi?
Olsun,
yirmi yıl seni özleyerek yaşlanmak da güzeldi.

Çünkü sen, buğulu bir camın ardından izlediğim
hayatın yarısısın.
Sen sağanakla gelen sabahlarda çok eski.
Çok eski bir şarkının adısın...

VUSLATA KALSIN

Heyhat
yeniden
ıskaladın
vuslatı!

Şimdi eyersiz atlar gibi özgür
ve lânetli bir keder gibi
uzak
yağmurda...

Çok dost olmasan,
çok olmazdı düşmanların da!

Çok galip gelmek istemesen,
kim bilir böyle çok yenilmeyecektin.

Çok gülmesen belki bir zaman,
böyle öç almazdı hayat;
ağlamazdın çok...

Çok sevmesen, çok özlemezdin.
Çok görmesen, bilmezdin;
çok bilmesen, çok acıtmazdı hayat...

Çok gitmesin yollara;
upuzun yollara,
böyle çok olmazdı dönüşün...

Bana öyle uzak durmasan
sana böyle yakın olmazdım.
Yanmasam
kül
kalmazdım...

Uçurumlar eskisin, bırak
ve şehvetin türküsü vuslata kalsın
ki bu başıbozuk uğultuda mağlup sesim,
sesine varsın...

Seni bana uzak kılan bu ıssız
ve derin uçurumlar...
Uçurumlar utansın!

Ama diner şehvet
ve bir gün aşınır vuslat da.
Bir okyanusa baka baka kalırız palamarlarda;
kalırız, kuytularda. Sanki bir yalnız karınca kararınca
kalırız solgun güz bahçelerine
aşklar varınca.

Ey
kırık
dal
parçaları
uzak
yağmurda,
şehvetin türküsü vuslata kalır
ve yiter...

Her hikâye biter;
herkes yangınından külüne döner.
Hep bir ihanettir ten bedende:
Çekip gider... Çekip gider!

Sonra kırık dal parçaları uzak yağmurda,
bize benzerler...

Hıçkırıkların
kuytuluklara,

sevincin
kahrına,

dönüşün
yıllara kurban!

Kalbin
kabrine,

dostluğun
pusulara,

yenilgin
umuda kurban!

Özlemim, özlemine kurban yâr,
yangınım şimdi ben:

/ Ya n g ı n ı m ,
bir kibrit çöpüne kurban!/

MAYIN HATTI

Bunlar, aşkların vurgun yediği gündüzlerde,
ısıttığım sokakları soğutacak,
öptüğüm kadınları ağlatacaklar.
İşte bunlar diyorum, bizi çıldırtacaklar,
buruşturup sevinçleri göğü kanatacaklar!

Mayın hattında bunlar,
bizim olan yamaçları bir bir kuşatıp,
yüreğime uçurduğum güneşi çalacaklar.

Mayın hattında ömrüm
olur olmaz gülmeyin;
yaralanır, düşerim koğuşlara,
umurumda mı, gelmeyin!

Gider tüfek çatarım dağda,
hiç ardıma düşmeyin,
efkarıma ilişmeyin!

/Çünkü kısa bir öyküdür hayat,
uğruna upuzun acılar çektiğimiz.

Kısa bir türküdür
bir kez daha söylemek için
delirdiğimiz.../

UMUDA MEYİLLİ KEDERE MECBUR

I
Diyarbekir,
sen kendine ve bana benzersin.
Umuda meyilli, kedere mecbur;
ç
a
r
p
a
r
da kalelere esmerliğini kanatır,
böğrünü mahvedersin!

Diyarbekir,
orada feodalizmin ruhu bir ipte sallanıyor;
ama yerinde yeni bir şey yok...

II
Yağmur Bağlar'ın* ucube sokaklarıyla
vuruşuyordu;
74'te bir çocuk, ıslak, yalın ayak
ve ağlayarak
yollara, kahvelere
sanki iflah olmaz bir kederle
çalınmış ayakkabılarını soruyordu.

İçinde hep acıtan
ve acıyan hayat
Bırakma!" diye bağırıyordu;
"bu yüzden umurunda olmuyordu yalınayaklığı,
kahvelerin buğulu camları önünde çekirdek satarken
üşüyen o çocuk saflığı,
şemsiyesiz yılların upuzun ıslaklığı...

O yıllar poyrazlarda
saçaklara çekilip ürperen kuşlar dahil,
hiç kimse o çocuk kadar çok üşümedi...

---

* Bağlar: Diyarbakır'da bir semt

Hep irileşen korkularıyla duâlar ezberledi,
kimse kutlamadı yaş günlerini,
hiç kimsenin sevincinde o yoktu,
çiçekçiler onu hiç beklemediler...

Uzaktı ona her şey gibi denizlerin de teni;
denizleri atlaslardan öğrendi.
Nasıldı? Acaba nasıldı deniz fenerleri?

Sonra zamanın izleri arttı yüzünde.
Yıllar sonra bir başka kentte güneş
yapraklarla, çatılarla öpüşüyordu;
anılarla depreşen bir gün
gürültüsünü soyunuyor,
adam üşüyen özlemini giyiniyor
ve
yazıyordu:

Kaldı...
Her şey kaldı ve sanki donduruldu zaman.
Yollar yıllara ulandı sessiz ırmaklar gibi akarak.
Bugün ise her şey sanki bezgin bir nakarat.
Günler
ki eksilmekte kalbinde onulmaz yaralar bırakarak.
İçinde hep acıtan, acıyan ses ise,
bağırmaktan hiç yorulmayacak...

Bak o şehre
ve el salla,
anımsa Bağlar'da
hep yetim bir çocuk yazgısıyla
uçurumlara yazıldığını.

"Bilgi ve acı birlikte öğrenilir."
Anımsa... Seni acın esmerletir.
Seni... Anıların terletir.

Bak o şehre
ve unutma,
küllerden bir anka kuşu yarattığını...

SİVAS'I UNUTMA ŞİİRİ

-Sivas'ta yakılan dostlarım için-

Riyakâr ve yalancıdır şarap aşkları;
güneşe bırakılmış bir avuç kar gibi erirler.
Biz o vakitlerde şiir söyleriz,
ama yiter ışıkta
gündüzleri bileylenen bıçakların kıvılcımları.

Biz
dolu
vakitlerde
şiir
söyleriz;
okursunuz
boş vakitlerde.
Yanarak biz, gülerek siz.

Öle öle geçeriz ıslıkla geçtiğiniz durakları...

Sonra boşalır zembereğinden bütün zamanlar.
Şiir söyleriz;
asıl şimdi eşkıyadır, tebdil gezer şiirimiz...

A   yazacağız;
z
a
l   ama
a   belli ki
c   bu nispette
a   daha
ğ   çok
ı
z   y(anacağız!)

YAŞAM HIZLA

İşte yaşam da bizimle birlikte yeniliyor.
Gündüzlerin mezar taşları,
şafağın buğusu yeniliyor:
Hızla, hızla, hızla!

Artık sırrı dökülen aynalardan
herkes eskiyen kendini süpürmelidir.
Kaçak bir türkü gibi kendine söylemeli,
bazen ıssız kumsallar gibi kendine çekilmeli
ve süpürmeden bizi şu yanlış kalabalık
herkes kendi kalabalığını süpürmelidir.

İşte yaşam
da bizimle birlikte yeniliyor;
hızla, hızla, hızla!

/ B u   y a ş a m a k ,
h i ç b i r   a ş k a   d e ğ m i y o r .
B u   y a ş a m a k ,
y a ş a m a y a   d e ğ m i y o r ! /

SENİN İÇİN

"her yerde bırakıp gittin beni gözlerinle
düşlerin yüreğiyle bırakıp gittin beni
yarım kalmış bir cümle gibi bırakıp gittin
gelişigüzel bir nesne, bir iskemle gibi yazla
birlikte biten kısa bir tatil çekmecede bir
kart gibi bırakıp gittin..."
-L. Aragon-

Senin
için,
yaz,
hep aynı bulutlarla geliyor.
Kalbine sokulan yeşiller sararıyor
ve yazgısı iklimlerin,
hep daracık pencerende kalıyor.

Senin
için,
şu upuzun sokaklardaki daracık bahçelerde
kısacık güller oturuyor.
Sahillerde takalar,
şehirlerde kışkırtıcı sevinçler dolaşıyor.

senin
için,
yalnızlık,
kalbine kırbacıyla giriyor.
Eski güftelerin sözleri birden ayaklanıyor.

Senin
İçin,
odalar, sofalar utanıyor.
O saat bulvarlara serseri yağmurlar yağıyor.
Sen eskiyen bedenini kederle ovuşturuyorsun.
Sen şehrin dinmez uğultusunda
geceye şarkılar söylüyorsun...

Senin
için,
yoksul
ve mahcup evlerde fokurdayan demliklerin buğusu
gözlerine düşüyor.

Anılar,
defter sayfalarında kurutulmuş çiçekler gibi susuyor.
Susuyor...

Senin
için,
terk edilmiş bir adam şimdi şiirler yazıyor;
göğsünde yerin bomboş duruyor...

/Herkes seçti adamını ey kadın.
Herkes...
Sana bıraktı yalnızlığını!/

Senin
için,
sensiz her günümü bir yüzyılla saydım.

Yeni bir yangına milat var artık.
Düştü tetiği yüreğimin yığıldım kaldım...

KURTULAMAZSIN

-35 yaşıma-

Önce sesini,
sonra yankısını çaldırdın şu beton ormanında;
bu kent de tükürdü aşklarına...

Kal orada,
artık hiçbir şeyden kurtulamazsın!
Islanmışsın bir kere oğlum,
y a ş   g ü n ü n d e
k u r u y a m a z s ı n ...

ŞERİF ALİ BEY NOSTALJİSİ

O yıllar evlerin upuzun avluları olurdu;
upuzun avlularda upuzun çocuklara gebe gelinler.
Şehirlerde her şey göz önünde dururdu.
Bir elimiz midelerimizde aç,
diğeri yüreklerimizde geberesiye âşık
ve âşıklar hep kaçamak yerler bulurdu.

O yıllar delikanlılar yaman tüfekler gibi susar,
kızların göğüslerinde mavi boncuklar bulunurdu.
Cami avlularında nemli yaşlılar,
gün boyu güneşe dizilip kurur,
evlerde ağızları tülbentlenmiş testiler otururdu.

Sokaklar meşe kokar, ayıcılar tefleriyle gelirdi;
komşular nalburlarda sohbete kurulurdu.
Muhammed Ali, Yılmaz Güney vurdukça,
vurdukça içimize serin pınarlar otururdu.
O yıllar bütün gollerin babası Fenerbahçeli Cemil,
Kıbrıs savaşında şehirlerde karartmalar olurdu.

Daha böyle darmadağın değildi rüyalarımız,
henüz yıllara savrulmamıştı ayrılıklarımız...

Öyle oldu Şerif Ali Bey, öyle oldu! Her şey bir nargilenin dumanı gibi birden savruldu. O geniş avlulu evlerin yerine prefabrik apartmanlar kuruldu, o uzun gelinler art arda yeni çocuklar doğurdu. O çocuklar da büyüdüler ve şimdi şu yeni evlerde kimileri gebedirler.

Artistler emekli oldular, rutubetli evlerde ölmeye oturdular; kahramanlar hemoroit ve prostattan mağdurlar. Nalburlar kapandılar, oğulları işsiz kaldılar. Cami avlularında güneşe dizilip kuruyan nemli yaşlılar ise şu yeni mezarlıkları doldurdular...

Biz mi? Sonbaharını geçkin yaşımız, unutulmamış aşklarımız, artık hayli sararmış fotoğraflarımızla kentlerde ve yaşamda hâlâ kiracıyız... Çocuklar mı? İyiler, hızla büyümekteler; büyüdükçe bize hiç benzememekteler. Gözlerimizde irileşen halkalar, alınlarımızda derin çizgiler gelip geçmiş o yılları kederle süzmekteler...

Bu sabah yine ters yanımdan kalktım. Üstünüze sağlık romatizmalarım; hanım mutfakta, çocuklar okuldalar. Kapıcılar karşı binanın kapısında çömelmiş konuşmaktalar; baktım dışarıda resmi geçitte yıllar sanki bana kompliman yapmaktalar.

"Sen!" dedim Şerif Ali, böyle buruşacak adam mıydın? Sen bu dar odalarda bir ekmeğin yazgısına sığacak kadar yalan mıydın?

Oysa o yıllar her şey göz önünde dururdu. Düşlerimiz yıllara meydan okurdu. Ayıcılar tefleriyle gelirken, âşıklar hep kaçamak yerler bulurdu.

Şimdi payıma avuç içi bir sokak dünyada
ve bayat
bir hayat...

Ömürdenmiş yiten zaman.
Artık her şey...
Her şey yitti!

Önün ölüm;
payına düşen ne varsa Şerif Ali, bitti.
B i t t i ...

YENİLGİM BİR GÜL OLACAK

Töresine,
efkârına,
soluğuna
bir şehrin
ömrünü yatırırsın...

İnsanına,
bulvarına,
sokağına
ömrünü...

Üşürsün
yağmurunda;
ayazında,
öfkeni susuşlara,
bedenini açlıklara yatırırsın.

Bağırırsın içinin sokaklarına,
oturur ağlarsın sonra
kendi çığlıklarına...

Sen upuzun kulaçlarla
boğuşurken okyanuslarda
bakarsın yenilmişsin bir damlaya...

Gör ki kışkırtıcıdır hayat;
yenilgiyle
yeniden katılır,
alışırsın
böyle
de
yaşamaya...

Yenil!
Daha çok
daha çok
yenil-
gin
bir
gül
olacak
senin!

Sonra her yerde ne kadar akşamsa,
ranzamda da o kadar akşam olur.
Ben uyur kalırım ve her şey unutulur.
Uyanırım, hayat yeniden kurulur;
uyanırım, sanki süpürülmüştür içimin sokakları
kalbimde dalgalar durulur.

(Fakat kalbimdeki suların serinliği,
yine de bağışlamaz günahlarınızın cehennemini!)

Büyüyünce
ve hayatla büyülenince çocuklar,
daha çok yenilmesinler diye yenil, sen yenil!

O günlerin duvağı aralanınca,
kara kitaplarınız sayfa sayfa solacak.

/Yenin!
Yenilgim bir gül olacak.../

GÜNLERİN
BULANIK SULARINDA

Kalabalık,
kabarık
şehir...

Çok şehir,
çok beton,
yok: İnsan...

Çok: Şehir,
çok beton,
hiç: İnsan!

Sevgileri güneşte çekmiş, ruhları eprimiş ve ihanetlerini cüzdanlarıyla besleyen hiç insanlar güne geldiler; milli piyango ve otobüs biletleriyle, kürdanlarıyla, balgamlarıyla, ayakkabı bağlarıyla, nüfus cüzdanları ve "kazı kazan"larıyla, visa kartlarıyla, maskeleriyle, markalı giysileriyle.

Güneşin heybetine bakmadan,
aldırmadan rüzgârın zarafetine...

Birer küfe gibiydi omuzlarında hayat.
Her biri kendince yokuşlarda.
Her biri amansız yok oluşlarda;
şarkıları yankısız, aşkları unutuşlarda.

Kapanıp gündüzlerin ıssız odalarına,
hepsi çürük akşamlardan
ve bayat sayımlardan kalma.

Geldiler,
göğe bakmadan,
telaşla, günlerin bulanık sularında...

Hiç insan,
sabahın bir köşesinde
kusmuş şehrin şanına;
sabahlar akşamına,
adamlar aşklarına
kusmuş
günlerin
bulanık
sularında!

/Sevgisiz kaldık, sevgisiz kaldık.
Kısacık Nisan akşamlarında.../

Şimdi hızla yırtılan aşiretlerden aşüfteler,
 kalpazanlar çıkaran ülkem,
savur beni şu pusun, ayazın ortasına,
çıkarıp sığ sulardan yakıştır okyanuslara
ve kavuştur o eski masal kahramanlarına...

Çünkü böyle bir raunt isyan,
beş rekât hüzün,
yetmiyor bu haziran akşamlarında.

Şimdi parklar fesleğen kokar,
yoksullar soluk soluğa.
Fıskiyeler upuzun
ve taşıtlar süratle otobanlarda;
telaşla,
herkes
günlerin
bulanık
sularında...

Oysa hepimizin gidebileceği bir vadi olmalıydı.
Artık ömürlerimiz bu tükürülmüş bulvarlara kanar;
rüyalarımızda bir görünür bir kaybolur serin pınarlar.
Bu yüzden yaktığımız bütün kibrit çöpleri,
en çok da içimizde yanar ha yanar...

Kalabalık,
kabarık şehir;
çok şehir,
çok beton,
yok: İnsan..

Çok: Şehir,
çok beton;
hiç: İnsan!

Hiç
insan,
doyumsuz,
tedirgin,
korkak...
Hiç,
sabırsız,
tutkusuz,
kaypak.

Şimdi herkes yüreğinin avlusuna bir servi arar.
Rüyalarında bir görünür bir kaybolur ormanlar.
Uyanınca, içinde irileşen boşlukları ihanetle tamamlar.

H
i
ç

i
n
s
a
n: Yitmiş günlerin bulanık sularında.
Sadece elbiseler sürüklüyor ardında.
Coşkusuz, aşksız kaldık!
Kaldık, kısacık Temmuz akşamlarında...

ASLOLAN HAYATTIR

Bir akvaryumu yazmak,
akvaryumda yaşamaktan kolaydır;
bu yüzden her dize biraz eksik,
her şiir biraz yalandır...
A s l o l a n   h a y a t t ı r .

ÇALINMIŞ BİR MAHŞER İÇİN AHVÂL

(1998-1999)

1. Baskı: Ocak 1989, Cem Yayınevi

Not: Bu kitabın daha sonraki baskıları "Bütün Şiirleri II" (Aşk Bize Küstü) ve "Her Ömür Kendi Gençliğinden Vurulur - Bütün Şiirler" kitaplarıyla birlikte yapılmıştır.

KALBİMDE HAZAN

"Uygarlık ve barbarlık kardeştir."
              -*Václav Havel*-

Dünya sığmıyor insana Havel,
yüzlerdeki, yüreklerdeki maske;
parada kir, suda klor, havada nem,
yüksek borsa, alçak basınç
ve kanun hükmünde ihanetler, sahtekâr jestler.

/İnsan, sığmıyor insana Havel!/

Ve her şey:
Şey...
Mesela o takvimler, o günler,
her biri şimdi kim bilir neredeler?
Yalancıdır aynalara gülümseyen o muhteşem gençlikler;
bir yaz yağmuru gibi çabucak geçecekler.

Bize kalan kurt kapanı sözleşmeler
ve iş akdi kıvamında morarmış evlilikler.

Oysa insanı büyüten yalnızlık mıdır Havel?

Biz bu kentlerde,
bu ömürlerin gecelerinde çürüsek bile,
şimdi eski dağlarda vakur bir şafak yırtılmaktadır
ve dışarıda üşüyen bir Haziran,
kalbimde yılların tufanından artık bir hazan.

Kalbimde hazan;
şairdir elbet
sözcüklere rus ruleti oynatıp yazan!

Dışarıda üşüyen bir Haziran.
Kanımda nikotin cehennemi;
kısa kibrit, uzun duman, yan!
Yine yan.. Yine yaaaan!

Yan ki yangınlar bile yansın;
haklıdır içindeki abdal bırak ağlasın...

Bırak ağlasın, artık gündüzlerin ışığında aşk,
gecelerin sularında yakamozlar yok
ve kuşlar konsun diye gerilmiyor balkonlara
çamaşır ipleri.

Dışarıda üşüyen bir haziran.
Dışarıda aşksız aşk,
dışarıda hormonlu sevinçler, kokmayan güller.
Dışarıda dostluğun, puştluğun kolunda gülümsemesi;

ama öğrendim karanlıklardan ışık destelemeyi
ve baka baka irkilmiş gözlerine hayatın inatla...
İnatla gülümsemeyi.
Öğrendim içimdeki abdalı hünerle gizlemeyi...

(Herkes fanusuna asmış kendini;
bu yüzden beklemiyorum artık farklı kıyametleri...)

Dışarıda üşüyen bir Haziran.
Dışarıda öldü insan.
Ö l d ü i n s a n !
H i ç b i r k i t a b a y a k ı ş m a d a n !

Ben de yaza yaza çürütüp dünlerimi;
her gün bu cehennemden çalıyorum kendimi...

Bu yüzden her şey:
Şey...
Havada hava, günlerinde gün,
evlerde sarmısak soğan;
hepsi bu işte basit, olağan.
Her şey şey'dir;
inandıklarımızdır belki de yalan.
Abarttığımızdır, kül'dür herkesin payına kalan...

DAĞINIK GAZEL

"Eski güzel şeylerden değil,
yeni kötü şeylerden başlamak gerekir."
 -Walter Benjamin-

Göç
geçer...
Geçer ayrılıklar baladı.
Siyah bir orman olur gençliğimiz.
Bize böyle pay kalır.
Bize böyle pay kalır...

Ağla sömürgem, belki dönemem.
Oralarda usul usul talazlanan nehirlerde yaz kalır;
kış yanar, düş üşür yüreğimde.
Ağlarım, gözyaşım beyaz kalır...

Sonra askerler yeniden kuşatırlar aşınmış kaleleri.
Bin hawar parçalar gecenin döşeğini.
Ocaklar iniler, yas büyür, orta yerde kan kalır.
Dıngılava'da* peştamallı çocuklar havuzlara işerler;
gözlerinde bir mahmur özlem kalır...

---

* Dıngılava: Diyarbakır'da eski bir havuz adı

Derken bir Ankara, bir poyraz beni döve döve içeri alır.
Yollar da giderek uzaklaşır... Giderek uzaklaşır.
Fahişeler terli kasıklarıyla sabaha uğurlanır.
Kuşlar inkâr edilir, gökyüzü yağmalanır;
ben büyürüm bu kederle kalbim uslanır...

Ağla sömürgem!
Ağla ve kucakla kumral delikanlını.
Buralarda çatılmış bir tüfeğim böğrümde taflan kalır.
Şimdi Kızılay'da oturmuşum hasretin kancasında;
geçer zaman, geçer yıllar, günlere bir yeni hazan kalır.

Ağla sömürgem...
Sen hep mağlup bir ağlayışta,
ben uzak susarım bu mağlubiyet için hep anlayışta.
Bak, çöpçüler bu geceyi de piç edip süpürdüler.
Ben ise haber değeri bile olmayan bir haykırışta,
özleminle hâlâ bir yakarışta!

Ağla...
Ben de ağlarım gözyaşlarım özlemine az kalır.
Buralarda nem var; nem varsa sende kalır.
Daha çağırırken beni o vakur dağ dorukları,
sömürgem yaslar durur sesime kırgın ayrılıkları.

Ben gittim
ve yittim!
Oralarda usul usul talazlanan nehirlerde yaz kalır,
yaslarım günleri yüzüme gözyaşım beyaz kalır.

Burada yıllar küfürle uğurlanır;
ben büyürüm içindeki haylaz çocuk uslanır...

Ve günler geçer, herkes gider, pistler boşalır;
sahnede bir kurtlar, bir ben,
bir klasik dans kalır...

Ağla sömürgem...
Buralarda döne döne dönemem!
Artık bir yeşile dolmasak da anılardan haz kalır.

Sen de bir zaman duyarsın
bir gün bir taze mezar kazılır:
Ardında bir dağınık gazel ile,
kül ile Ankara'da bir ölü Yılmaz kalır...

ÇALINMIŞ BİR MAHŞER İÇİN AHVÂL

"Ben Afrika'da kanat çırpan bir kelebeğin Kuzey Amerika'da yarattığı kasırgayı istiyorum... Ben, kaos istiyorum!"

Sefil bitler hâlâ uzayın boşluğunda yaşıyor ve içimde bir abdal ağlarken, ufuklar caddesinde ufuksuz bir adam, sesine bir küfür katmış sokaklara saçıyor. Arada bir üşümüş gözlere bakıyor; üşümüş gözler üşüyor, üşümeye bakıyor...

Gerilen hayat, turuncu laleler ve ıssız insanlık, artık sıcak sözcüklerden utanacak kadar d(üşüyor)! Günler, yeni günlere yenilgiler saçıyor; bu yüzden ellerim durmadan uzaklara kaçıyor, gözlerim hep dağlara bakıyor.

Ben kentlerde rehinken, firar ellerim. Ellerim üç beş nöbetinde bir askerle kanyak çekiyor, gözlerim yorgun bir gerillayla ufka bakıyor. Aklımda Diyarbakırlı bir kızın uzak ve sıcak gözleri, havada kar, gökyüzü aydınlığında bir çingene cüreti; yollarda aç köpekler, çatılarda ürkek kuşlar üşüyor.

/Bütün yaslı hayatlar için
içimden ansızın bir sonbahar geçiyor.../

İçimde bir sonbahar kırık dökük vagonlar gibi. Poyrazım sinmiş, yağmurum dinmiş ve düşlerim darmadağın erken göçen kuşlar gibi.

Hey kuşlar, daha dün kâğıttan uçaklar, gemiler yapan çocukluğum hangi cehennemin dibine kaçıyor? Kaçıyor! Kaçtıkça daha çok görüyorum ölülerin kanında, günlerin meşru kıvamında illegal karmaşalar büyüyor...

Bir şeyler büyüdükçe sicilim bozuluyor, şiirim deliriyor ve yurdumun toz duman yollarında külhan kasaba şoförleri küfrederek, yarışarak gaza basıyor. Bir dağ Bingöl'de oturmuş sessizce öbürüne bakıyor; sabırla, acıyla, hınçla bakıyor. Yamacına bir çoban çömelmiş yalnızlığına bir ateş yakıyor ve uzak bir istasyonda bir kaçak, bomboş bir şimendiferde kurşunlanıp düşüyor!

İnsanlar küçüldükçe ölüm büyüyor ve herkes seçmediği yasalarla ölüyor.

Herkes ölüyor ve caddelerden bayat bir proletarya geçiyor; baka baka eskittiğimiz çağda bir Guernica ağlıyor.

/Belki bu yüzden içimde çığlık çığlığa bir sonbahar acıyor. İçimde bir sonbahar kışların kapısında yaprak döküyor.../

Bayat bir proletarya caddelerden, anılardan esneyerek geçiyor. Oysa evvel zaman takvimlerinde umuda gülümseyen sapsarı dişleriyle devrimdi onlar, gelecektiler! Çıkıp o sanrılardan hepsi bir yere gelecektiler...

Şimdi Kırşehir, Malatya yollarında, Moskova'da, Prag'da evlerinin camlarındaki ışıklı buğular arkasında eski bir türkü gözleri. Akıp geçmiş çabuk nehirler gibi.

Eski türkü: Şanlı proletarya ve müttefikleri ...

Proletarya ve müttefikleri, hâlâ o alaturka coşkularla kol kola aynı soluk günlerin daracık evlerinde aynı bordrolarıyla, aynı avratlarıyla oturuyorlar ve dünyaya çalınmış bir mahşer gibi bakıp, hâlâ yeni yıllara aynı dişlerle gülümsüyorlar.

Ve bizim tedavülden kalkmış genç ömrümüz. Okyanusların unuttuğu kumsallar kadar yanılmış ömrümüz; *"Narodnikler, Troçky, finans kapital, oligarşi (...)"* ve benim proletaryam, şimdi ekranlarında magazin yıldızlarının kocaman göğüsleri.

Kırıkkale, Tekirdağ yollarında eski halkım, eski bir düşün devrimi gibi; halkım hâlâ bir devrim düşü gibi toprak gibi insan kokuyor.

/Belki bu yüzden içimde çığlık çığlığa bir sonbahar acıyor. İçimde bir sonbahar kışların kapısında yaprak döküyor.../

Bir sonbahar,
o şimendiferde vurulan kaçağın
yüzündeki korkular kadar ölümlere acemi.
Bir sonbahar,
dallarında darmadağın savrulan yaprakların eceli...

Ey sonbahar, işte büyük aşklar, büyük düşler büyük ölüyor! Büyük aşklar, büyük düşler buruşuk çamaşırlar gibi yıllara seriliyor. Uzaklıklar gidiliyor, yakınlıklar biliniyor ve hep aynı tahakkümün özneleri, onları palyaço yapıp tarihin çöplüğünde gülüyor. Gülüyor!

Bu sözlerin üstüne bir çay geliyor; evet, çay bile içiliyor bu sözlerin üstüne ve belleğimden uğultularla, saralı imgelerle geçen bitmemiş bir şiir Ankara'nın ortasında mola veriyor. Aklımda hep self servis ömrüm. Aklımda piç bir devrimin büyük pankartları, çalınmış alanları, kirletilmiş anıları. Aklımda hep vaat eden o bıçkın şarkıları.

Aklımda kahraman yeminler, yenilmiş militanlar ve aklımda Diyarbakırlı bir kızın uzak ve sıcak gözleri; hep sıcak ve hep uzak kalacak gözleri. Belki bu yüzden içimde bir sonbahar acıyor; öyle acıyor öyle acıyor ki, acılar acısız kalıyor; mevsimler üstüme devriliyor kışlar kış'sız kalıyor... Devrimler öksüz, kalemim safsız kalıyor. Bizi zaman yeniyor aşklarım aşksız kalıyor!

Bir sonbahar, açların, mahkûmların ve fahişelerin büyük yenilmişlikleri kadar eski. Bir Guernica eski çağın enkazına ağlıyor; ötede ter ve sidik kokan barlarda eski yoldaşlar:

-Heey sesimize biraz daha alkol katalım!
Kaporası ödenmiş yitik bir devrim
ve bütün şaraplar için şarap açalım, diyor.

Beyoğlu, Sakarya, Kordon barlarında eski devrimcilerden caddelere simsiyah bir hüzün sızıyor...

Caddelere simsiyah yenilgiler sızıyor. Ben ise kurşuni bir göğe bakarak, Diyarbakırlı bir kızın sıcak ve uzak gözlerine akarak Varto'da, Niksar'da kederlerini gözyaşlarıyla öpen çocuklar için ağlıyor ve bağırıyorum:

Bu oyunda bütün replikler yalaaan!

Derken her yeri yasalar, namlular, dublörler kuşatıyor! İçimin sokaklarında evden kaçmış çocuklar üşüyor. Bir kemanın tiz sesinde günler sıtmalı, günler titreyerek geçiyor ve yıllar geçiyor, her şey geçiyor...

Kızılay'da bir ayyaş, nöbeti yanlış bir gündüzden devralmış gecenin duvarlarına işiyor. Kasaba hapishanelerinde mahkûmlar aksırıyor, tütün kokuyor, esrar çekiyor. Pavyonlarda bir Gülnihâl, akortsuz sesiyle bir şarkı okuyor rast makamında ve yurdumun toz duman yollarında yanık bir bozlak...

Sesim mi?
Ulaşmıyor ağladığım dağlara.
Tütünün var mı dostum,
bir poyrazdan geliyorum da...

Yurdumun toz duman yollarında işçiler harç karıyor yükselen yapılarda. Yük abanmış bedene, can tutunmuş tene; işçiler harç karıyor yükselen yapılarda.

Yurdumun toz duman yollarında üniversiteliler vizeler için düşüyor yola; göz bebeklerinde ışıklar, aşklar. Taze bir somun gibi sıcak, yumuşak şarkılar dudaklarında.

Yurdumun toz duman yollarında analar erişte kesiyor sofalarda: *"Bugün bizde, yarın komşuda sıra."*

Yurdumun toz duman yollarında mahkûmlar marş söylüyor ranzalarda; hasret, kırık kanatlar gibi çarpıp düşüyor mazgallara.

Yurdumun toz duman yollarında memurlar evrak yazıyor, dülgerler ağaç kesiyor, şairler şiir yazıyor; hâlim yurduma benziyor. Hâlim yurduma benziyor...

Ve hiç bilmediğimiz bir denizde hiç binmediğimiz bir gemi, rüzgârı almış da ardına yelkenler fora. Benim denizim alemin denizi! Düşlerim, el alemin denizinde batık bir gemi...

Yurdumun toz duman yollarında batık gemileri unutmuş kumsallarda büyük toprakların, büyük betonların avuçlarında babalar hevesle çocuk ekiyor yarınlara...

Bir Guernica aynalarda ağlarken, yarınsız yarınlar bizim; bu kuşlar, bu kanlar, bu ölü kırlangıçlar bizim...

Sonbahar bile öldü...
her yüz bir anı bırakıp gitti;
alkışlar, methiyeler, dostluklar bitti!

Bilsem size bağrımı açar mıydım hiç?
Bu deniz benim olsa batar mıydım hiç?

Sonbahar bile öldü...
Devrimim yok, evim yok sevgilim;
ormanım yok, dalım yok yeşilim.
Bir poyrazdan geliyorum tütünüm yok, gülüm yok.
Gökyüzüm öldü, şah damarım zonkluyor.

Şimdi yüzde yüz yalnız
ve iki kere ikinin dört ettiği kadar mağlubum.
Sabıkalıdır şiirim de şairi kadar...

Sonbahar bile öldü. Ömrümde çalınmış mahşerler, havada kar; önümde gül demetleri, arkamda hançerler var.

Sonbahar öldü. Feodal figüranlıklar için karnemi aldım ve hiç kopya çekmediğim hayat oyununda sınıfta kaldım! Eğrildim, artık eğrildim doğruluktan...

Sonbahar öldü. Kapadım dili geçmiş zamanlara açılan bütün kapılarımı; artık yolumda sadece kar var ve kirlendi alnımın aklığı bahçem tarûmâr.

Artık yeni bir söz
eski bir göz-
le anlatılamaz!

Yeni bir söz
eski bir göz-
le anlatılamaz!
Birer meneviş olmalı sözler,
kesilip atılırken
çiğnenmiş bahçelerde ağrıyan karanfiller.
Ağrılar söz olmalı
ve sözlerimiz yeni bir çağı kuşatmalıdır...

Varsın yeni bir söz için eski bir göz ölsün!
Ölsün, gecelerin ilmeğine suç ortağı çakallar,
zamanın tortusunda kurutulan anılar
ve ihanete doymayan ihanet, ölsün!

Ben ise her denizde yeni bir liman için ölürüm;
ve her deniz yeni limanlarla tükenir, ölür.
Geride
martılar
çığlıklarla
yeniden
yeniden hırçın sulara gömülür...

Denizler kalabalıktır;
akarsular ise yalnız, sefil durulur
ve titreyen eski çağlarda beyhude şafaklar ölür!
Yeni bir söz için eski bir göz ölür;
eski bir göz, tanıdık rüzgârlara savurur küllerini.
Ben, bir okyanusa adamışsam sesimi,
bütün limanlar ölür!

Sonbahar bile öldü.
Biz gençliğimizle hiçbir yere varamadık.
Üşüdük... Hep üşüdük de hâlâ ayrılamadık.

Oysa nereye gidersem,
yanıma önce kendimi aldım;
nereden dönersem biraz dağınık kaldım.

Kıyılarına vura vura hayatın
yosun tuttu düşlerim;
aynaları kullanarak eskittim,
eskidi gülüşlerim...

/Ben ömrümün rahlesinde yanlış yüzlerle aşındım.
Baktım, gördüm, çıldırdım;
işte isyana ve inkâra böyle taşındım!/

Ama bu inkâr eski inkâr;
bu sözler, bu yüzler eksik ve eski...

Ve eski gülü sula, kanı yıka, toprağı öp, yolu geç; ağıdı, ölümü geç nehirleri, saltanatları... Vardığın yerlerde cüzzamlı bir çağ göreceksin ve zemherilerde öğüttükçe şarkılarını, kendini yeniden, yeniden keşfedeceksin!

Sonbahar bile öldü.
Artık yeni bir kış'ım
bakarak uzaklara
verilmiş sözüm,
kalmışım tuzaklara...

Düşerken tuzaklara,
haydi, sokağa fırla;
yağmura bakma,
diner, aldırma!
Bir mezar kaz
üşüyen yalnızlığa;
bir mezar,
eskimiş ayrılığa.

A r t ı k   k a ç t ı ğ ı n ,
k a ç a m a d ı ğ ı n   y e r d i r . . .

Çünkü sonbahar bile öldü;
ve son kez söylendi o eski sözler...

Şimdi dağlardan kopup tepeme çöken şu ürkek bulut
ve Erzincan'ın saçakları buz tutmuş dar, matemli evleri,
bana nal seslerine özlemimi anlatır.
Çıktığım her yolculukta bir cam kenarı,
devrilip giden ölü yılları anımsatır.

Ölü yıllar bana nele neler anlatır;
kalbimde bir Vivaldi, bir sızı kalır...

Oysa ben de o balçıklarda izler bıraktım.
Yeni yağmurlarda, yollarda esamem okunmuyor.
Ki her yeni güz için yeni bir şarap açtım,
ama yeni şarapların güzleri anılara uymuyor.

Yeni şarapların güzleri anılara uymuyor;
yalnızlığım kuytularda soluyor, ah, soluyor...

Demek hep yanlış kadınlar için atmışım zarlarımı,
ama atmışım ve hep yanlış yollara oynamışım ömrümün
bütün kumarlarını...

/Yenilgiler kapımı ayaz mevsimi çaldı
Kalbimde bir Vivaldi, bir sızı kaldı.../

Bir Vivaldi, bir sızı

k a l d ı ...

SEYRANTEPE'YE
KARPUZ YÜKLÜ KAMYONLAR GELİR

Seyrantepe'ye karpuz yüklü kamyonlar,
esneyen öğleye gagaları açık soluyan kuşlar gelir.
Aklımda uzak badem ağaçları, deniz serinlikleri
ve bu sözler rüzgâra karşı söylenir:
*"Tek rakibim Türk Hava Yolları... Kes hızını
ağlatma el kızını..."*

Seyrantepe'ye karpuz yüklü kamyonlar gelir.
Ben gündüzün duldasında otururum;
aklıma kadınlar gelir.
Kadınlar tenleri ayrı, sesleri ayrı,
kadınlar İzmirli, Amasyalı, Ağrılı.
Ağrılı kadınlar parfüm kokarak, ter kokarak,
kadınlar kadın kokarak gelir
ve giderler.

Hepsi giderler/ aklıma yalnız, soğuk yatağım gelir...

Seyrantepe'ye karpuz yüklü kamyonlar gelir
ve gün yiter, Dicle'ye muhteşem bir dolunay çömelir.
Usulca hışırdarken dut ağaçlarının tırtıllı yaprakları,
yosunlara sırnaşarak uyur o nehrin afili balıkları.
Uzaklarda gümüş gibi parıldar Dicle'nin nemli bataklıkları.

Seyrantepe'ye karpuz yüklü kamyonlar gelir.
Sıcaktan sarkarken elektrik telleri
yollarda asfaltlar erir.

Derken ufkun göğsünden kente bir otobüs yönelir,
yolcular iner, abim askerden gelir.
Seyrantepe'de öyle ter içindeyken,
birden gönlüme bir serinlik çömelir...

YİNE DAĞDIR DAĞ

Fırlatmıştım kalbimi uzağa, en uzağa
denk gelir de rastlar diye bir yıldıza...

Yanılıp susturdum ağrımın çağrısını,
çağrımın köhnemiş ağrısını;
"aldırma!" dedim oğlum, yine dağdır dağ!
Konup göçen kurdun kuşun rağmına.
Ayazda da, güneşte de
yine dağdır dağ!

yazılırken
ayrılık
kentin
küskün
ağaçlarına.
Yazılırken
kederlerin
pasına.

Kederlerin
yapayalnız
yasına,
bazen şarap tadına,
aşkların büyülü şarkısına,
ihanetin hiç dinmeyen yasına...

Ve bir ömür bakılırken,
üç saniyede çekilen fotoğraflara.
"Aldırma!" dedim, yumruğum vurup omzuma:
Yine dağdır dağ!

Ezberinde kaç mavzerin masalı,
kaç kurşunun, kaç çığlığın hüsranı?

Düşürme yüzünü kahrın inzivasına.
Bak, bir yüzü kararırken dünyanın,
şafak söküyor öbür yanında...

Burada yatıyorsun.
Burada!
Vakur,
kırgın
ve dağ!

Yazılırken ayrılık
şehrin küskün ağaçlarına.
Burada yatıyorum/ Bir aşkla öldüm.
Bir aşka öldüm/ Aşktım ben, öldüm;
dağa ve aşka gömüldüm...

Lakin ölü dağlara kim yanar?
Burada yatıyorum,
burada!
Uzaklarda beni evli bir kadın anar...
O kadın, mağlup
ve zamana mahcup.
Dağa bakıyor.
Daha bakıyor.
Akıp geçen yılların şaşkın sarhoşluğunda.

O beni anar...
Efkârı geceyi yarar.
Yanılıp susturduğum ağrımın çağrısını.
Çağrımın köhnemiş ağrısını...

Yine dağ mı dağ?

Yazılırken
ayrılık
kederlerin
pasına,
kederlerin yapayalnız yasına.
Sökülür düşlerin de çadırları;
neye yarar mezarlıklarda çigan?

Sussam artık yıllarca, yüz yıllarca;
boğup ağrımın köhnemiş çağrısını konuşturmasam.
Sussam, artık bu ölü aşka koşturmasam.

Yazılırken
ayrılık,
aşkların büyülü şarkısına;
başım duman, kirpiklerimde çiğ.
Burada yatıyorum. Burada!

Uzaklarda o kadın gülümsüyor
kalbi buruk anılarda...

"Kal" diyorum yamacımda;
bak, bir yüzü kararırken dünyanın,
şafak söküyor öbür yanında.
Yenilme ve düşürme yüzünü kahrın inzivasına...

Yazılırken
ayrılık
ihanetin hiç dinmeyen yasına.
Burada yatıyorum. Burada!
Ellerime benzeyen eller,
gözlerime benzeyen gözler
ve aşkıma benzemeyen aşkların arasında.

Burada yatıyorum boylu boyunca;
bakarak naçar bir aşkın büyüyen yarasına...

Sussam artık yıllarca, yüz yıllarca.
Ağrımın köhnemiş çağrısını konuşturmasam;
sussam, artık bu aşka koşturmasam.
Kuraklığım arttıkça sulardan uzaklaşsam;
yetmese, yangınımın alazından kül çalsam
ve toplayıp o külleri kalbime bin yıllarca ağlasam...

Sussam yıllarca, yüz yıllarca.
Hasret kalsam uzak, uzun sulara;
yine yumruğum vurup omzuma:
"Aldırma !" derim oğlum,
"âşık yoksa, aşk olsun..."

Ve toplayıp kendimi bağışlarım o aşka.

Yine dağ...
Yine dağ!

Toplayıp kendimi bağışladım bir aşka...

BİR KENT BİR SEVDA

I: Bir Kent

Kaldırımlarıyla sarmaş dolaş gecelerinde on binlerce yüreği o yalnızlıklara teslim alan kent! Koca kent; karbonmonoksit fonlarda otobüs kuyruklarına savrulan nice heder ömrün büyük susuşlara, müsvedde insanlıklara taşındığı.

Köşe başlarında çeyrek biletlerle pek de ucuzlamış umutların korunduğu kent; varsıllıklardaki yoksullukların, ağrılı yalnızlıkların, tutmamak için verilen sözlerin, terk edilmek üzere sevilen kızların kenti.

Sonra yirmi dört saatlik dostluklar, ego mastürbasyonları ve hep hüzün taşıyan vapurlar... O vapurlara sen binmedin, binmedin; binseydin batardılar!

O kent! Aşklarına ihbarcılar tüneyen... Kayıp kimliklerin, "kimse?"lerin kenti. Hani hiçbir taşıtında yerinin olmadığı ve hiçbir kadınını öpmediğin yağmurlarında.

Kalsan... Bir kalsan o yağmurlara, bir saçağın bile payına düşmediği o ıslaklığın kenti. Sonra kendine vurgun o deniz ve çarparken tükürmesi sanki avurtlarına imbat rüzgârlarının; buğulu bir camının bile olmadığı ve çalmadan girebileceğin bir ev kapısının...

Çünkü herkesin bir kenti vardır; herkesin bir adı gibi bir kenti vardır.

O kent!
Vuran ve vuran... Sonra sana bir başına bağırmayı susturan. Katıp önüne o kaypak rüzgârlarla sesini, sesini rehin alan ve bağırıp bütün varoşlarında yakasını ellerinle tuttuğun, vuruştuğun ve yenik düştüğün. Ama öğrendin ki kentler yenik düşmezmiş insanlara. Geç anladın; önce vuruştun ve yenildin sonra...

O kent!
Herkesin kendini, ısrarla kendini yaşadığı, sonra kendine kaldığı ve herkesin giderek kendinden kaçtığı kent. Göğüne gözlerinle bir dize yazarak bırakıp kaçtığın! Aramasınlar, o dizeyi ancak sen bulabilirsin orada; o kent, şimdi bir dizeye sığmıştır anılarında.

Hâlâ menekşe gözlü kadınları vardır o kentin; türküleri, bayrakları, bayram yerleri ve resmi törenlerle kutlanan kurtuluş günleri ve kurtulamayış günleri! Törenlerle yeni baştan, yeni baştan kurtarılıp da, insanlarının yeni baştan kurtarılamadığı sabahları hani ıhlamur ve tarçın kokan. Geniş çarşıları, düşleri Anadolu kokan konsomatrisleri ve ışıklı panolarla kuşatılmış ne tutsak geceleri...

(Herkesin bir kenti vardır. Bir insanı sevmek gibidir bir kenti sevmek; tanınmayan insan, gidilmeyen kent sevilebilir mi?)

Herkesin bir kenti vardır; ya senin kentin? Hani sokaklarında bir misket için debelendiğin... Yokuşlarında kiralık bisikletlerin direksiyonunu bırakıp, kendini ana caddelerine delice saldığın kent. Hani ilk sevgilinin, o liselinin küçük göğüslerine ve iri düşlerine dokunarak uyumaya çalıştığı gecelerde sana semâlardan gülümsediği yılların kenti. İlk kez tıraş olduğun, ilk kez yendiğin ya da yenildiğin...

Sonra ter içinde yüreğinle yaşamla kavga! Kavga... Peşinde koştuğu ekmeği büyüdükçe kendisi küçülen insanlar arasında.

Ve ilk sinema geceleri... İlk sevgiliye dehşetle mırıldanılan acemi aşk sözleri... İlk sarhoşluk, ilk korkular, yanılgılar ve ilk sigara... Bir gün ölümle ilk tanışma: 0.2'de gözlerin bağlı ilk alınışın; ilk sorgu, ilk çarmıh, ilk çığlık ve ilk duruşma...

Tutuklu hüznüne ilk kez patlayan bir flaşın gözlerini kamaştırmasını büsbütün unuttuğunda, bir gazetede gözlerin kapalı çıkan ilk resmin... İlk görüşme, ilk volta, ilk özlemler buram buram ve boğulurcasına.

Sonrası nakarat; biliyorsun şimdi her şey nakarat! İkinci, üçüncü aşklar, gözaltılar, yalnızlıklar, yanılgılar; ama "ilk"ler o kenttedir ve hiçbir güç bu doğruyu değiştiremez...

II. Bir Sevda

Önceleri "... palas" otelinin ağır açılan kapısından girip, saklı boğuntularını hapsettiğin odanın kenti. 305 no'lu odanın kenti ve yüzünün sahibi onun... Siluetini duvarlarına izdüşürdüğün: 305...

Sabahları üç beş sandalyeli otel lobisinde bir çay, bir cıgara içimi konuk yüzü... Sonra mesai çıkışlarıyla eve dönüş saatlerine kıstırılmış akşam merhabaları ve o çıplak, o deli sevda.

Sonra o kente konuk geldin; akşamdı ve Haziran... Bir kaçak gibi geldin, bekledin... Geldiğinde o kent kadar üşüyordu ellerin; ellerini ona verdin; al dedin, -eti benim, ılıklığı senin, sevgilim... Ve düşmanlarını anlattın ona; iz sürenleri gösterdin ardında. Dedin ki çarmıhlar kuruludur hep benim aşklarıma; dedin yok bir şeyim, bir şeylerim sevdadan başka...

O kente konuk geldin; akşamdı ve Haziran...Onu tepeden tırnağa sevdin... O, kent kokuyordu; dudaklarında o denizlerin tuzu, saçlarında bulut katarları o kentin. Saçları sarı mıydı? Sarıydı. Her telinde o kentin bütün baharları, o kaypak baharları...

Yüzüne bir yer açtın yüzünde sen de; önce kokusunu ezberledin, sonra susuşlarını, duruşlarını bir bir... Yürüdün o kentin bütün rüzgârlarına, bütün mezarlarına, bütün ağrılarına, bütün puştluklarına karşı... Ne iri bir aşktın ona; gözleri nereye sen oraya kadar aşk! Gözleri o kentteydi; büyüktü o kent ve büyük aşk!

Ona korkusuzdun, ona ateş, ona kül, ona belâ! Ona korkusuzluğunla her korkuyu yendin ve o kente konuk geldin...

Ama ihanetlere açılıyordu pencereleri; yeni sesler, yeni aşklar çağırıyordu onu, gitmeliydi...
Sen gittin!
Sen gittin; mağlup bir sevgi ve bir mâtem bıraktın o kentte; elleri uzaklarda kaldı, ya ellerin? O kıyısız bir ihanetti; belki özetiydi bütün ihanetlerin...

Orada bakmıştın ya o kuyruklara; o bezgin, ürkek, üşümüş kalabalıklara, bakmıştın da, kendini gösterip:

-Bu adamı bırakmam, demiştin bu kuyruklara!

Alıp kaçırdın sendeki adamı sonra. Belki kısa mesafelerin feodal yürüyüşçüsüydün sığmadın, sığmazdın o kuyruklara...

Giderken sevgimin sol bileğinden kan sızıyordu
ve kalbinde kan bulaşığı bir güz;
kalbinde sanki fırtınada yapraklar...

Sanıktı; bir sevgiyi ağır yaralamıştın!
İnfazı o Eylül ayına gömüldü ve anılara.
Eylül'e ve anılara...
İhanet: 1, sevgi: 0, yer: o kent...

Sevgi... Sevgi mağlup oldu! O, hep kazanırdı oysa.
Sonrası ne yazılır ne anlatılır...

Ne yazılır, ne anlatılır?

Daha her yıl Eylül'ün avuçlarını her açışında, o aşkın enkazı duruyordu. Daha ateşti, ateşti sevginin göklerinde, küller ise susuyordu. Onun denizlerinde bir adam, usulca çekiyordu ağlarını sulardan, genç bir çift Konak'ta öpüşüyordu; yaşlı fahişeler geçiyordu Alsancak'tan, Kordon'dan filan; o kadın anılarda sapsarı gülüyordu.

Sevginin bileklerinden kan sızıyordu...

Şimdi yolları uzaktır o kentin; aranızda bin kilometre yol, nice sıradağ durur ve unutulmuş gibi susan ihanetler anılarla vurulur, vurulur!

Şimdi o kenti onunla birlikte yeniden sevmek, artık ölmekten zordur; o, kendi şafağını kirletmiş bir ufuktur.

Öyle günler vardır ki ömürlerimizde, bir şey ansızın başlar ve başlatmak düşer insana; bitince de simsiyah bir matem ayak uçlarına...

İşte bir kentti ve bir sevda... Özlemi yitik, cürmü enkaz; dağıtır rengini yalnızlıklara. Bir kentti ve bir sevda: önce ağrılar, şimdiyse anılarla.

Bir kent, gidince ve bir sevda, ayrılınca biter mi? Bir kent bitse bile, bir sevda bitse bile, o kente ve o sevdaya gitmiş olmak bitmez ki...

(Noktalama imleriyle sürüp giden bir oyuna benziyor yaşam; noktalı virgüllerle, soru imleriyle sürüp gideni ya da bir ünlemle, bir noktayla ansızın biteni yaşıyor her insan.)

Hayat sürer, çok şey başlar, çok şey biter. Bitmeyen anılardır. Anılar bitmeyi bilmezler ve bir uğultu gibi savrulurlar yüreklerde, dinmezler...

Bir sevdanın son sözlerini yazdın şimdi sen ona ve giderek küllenen bir aşkın son direncini...

Artık kendini bıçak gibi ışıyan yeni güne bağışla...

YÜZDE YÜZ/SÜZLÜK
YENİ BİR YÜZ

"götürür
uykulu atları onları
çarmıhlar çıkmazına."
        -Lorca-

Artıktık artık:
(Uğultuların artığıyız be çocuk, spermlerin, rahim kanlarının, eski dolunayların, kesilip yakılmış ağaçların, susan dağların, aldatılmış avuntuların, kirli lavaboların, anlaşılır günahların, kimsesiz özlemlerin, tanıdık kederlerin, zalim yenilgilerin, apansız sevinçlerin, gündelik zaferlerin.)

Bayat yenilgilerle
tükürülmüş hayatların gündüzlerinde
ve miyop gözlerinde,
yorgun gölgelerinde,
artık
artıkların
artığıyız biz.
Geceleri bir yıldız ansızın kayarken gökte
düşün ki çağların, milatların tortusuyuz biz...

/Daha yorulur günler, güller;
anısı, dikeni kalplerimizde.
Her aşk kendi tabutunu da taşır.
Kaç bahar vurulur bu hırslı, telaşlı günlerimizde!/

Bakabilsek utanacak, duyabilsek ağlayacaktık
ne dosdoğru yaşayacak cesaretimiz,
ne an'lara, günlere iz bırakacak yüzümüz kaldı.

Herkes geldi
ve gitti...
Herkes gitti;
vicdanlarımızda yalan yanlış nice iz kaldı...

Yüzde yüz/süzlük
yeni bir yüz
artık
tükürülmüş
hayatların
gündüzlerine
savrulacaktık.

Karaya
vurmuş
yaralı
martılar
gibi
yalnız
yaşayacaktık.

Yaşayıp,
yaşamdan
çok şey
umarak,
yetişkinler ormanında kaybolacaktık...

Sanal aşklar, nankör şehvetler arasında
buruşturup yılları anısız kalacaktık.
Hayatlarımıza hükmeden dişliler arasında
günlerimizi ihanetle kutsayıp,
özgürlüklerimizi domates gibi satacaktık.

Ve saman balyaları gibi oturup yılların sofrasında,
ağrılarla uyuyup çağrılarla uyanarak,
zaaflarımızla kol kola dolaşacaktık.
1+1+1=0...
Artık
yeni artıklar olacaktık...

/Daha yorulur günler, güller;
anısı, dikeni kalplerimizde.
Her aşk kendi tabutunu da taşır.
Kaç bahar vurulur bu hırslı, telaşlı günlerimizde!/

Bu tükürülmüş hayatların gündüzlerinde
ne kartallar gibi yaşayacak çehremiz, heybetimiz;
ne bir anı bırakacak yüzümüz kaldı.

Herkes geldi
ve gitti...
Herkes gitti!
Vicdanlarımızda yalan yanlış nice iz kaldı...

KENDİNE BENİM İÇİN
BİR GÜL VER

(Sensizlikle flört etmeyi sen değil, sensizlik bilir;
sesi ses, sessizliği sensizlik bilir...)

Korkma, sana aşkı öğretmeyen kendinin
ellerinden tut!
Çok ağrımış kendinin,
siyah ve ayaz kendinin.

Hep avuttuğum düşler için bana bir gül ver...

Bak, Palandöken dağlarında karlar erimiş,
teknelerle kol kola bir bahar sulara inmiş;
dağlar için, sular için bana bir gül ver.
Bir gül ver söküldüğüm günler için.
Ve önce kendinin ellerinden tut...

Kendimin ellerinden tutunca,
içimden nehirler gibi akmak geliyor;
yollara çıkmak, yolculuklara bakmak geliyor.
Geberesiye içip salaş meyhanelerde
buralardan böyle ceketsiz kaçmak geliyor...

(Sessizlik sensizliği ezbere bilir;
sensizlik her şeyi bilir...)

Korkma, sana aşkı öğretmeyen kendinin
ellerinden tut;
sonra bana aşkı öğretmeyen kendimin
ellerinden...

Bak, yıllarım sırılsıklam/ yağmurlar giymiş,
günlerin avlusuna yeni yeni çocuklar inmiş;
dağlar için, sular için bana bir gül ver.

Avuttuğum düşler için bana bir gül;
bir
gül
pusulasız gemiler, sökülmüş günler için.

(Ben, bütün yeşillerimi inatçı ayazlara çaldırdım;
sen kendinin ellerinden tut
ve kendine benim için bir gül ver.)

Kendine
bir
gül(ü)ver...

EY HAYAT

(1999-2000)

Siyah olur şiirleri de
simsiyah hayatların...
Şiir ey, attım ömrümü, geldim,
kalbim sendedir;
kara kara gelen belâ gündedir.
Efkârla inzivada şu gönlüm
âlemi seyirdedir...

1. Baskı: Ekim 2000, Scala Yayıncılık
2. Baskı: Kasım 2000, Scala Yayıncılık
3. Baskı: Eylül 2001, Alfa Yayınları
4. Baskı :Temmuz 2002, Alfa Yayınları
5. Baskı: Ekim 2007, Öteki Yayınları

Not: Bu kitabın daha sonraki baskıları "Bütün Şiirleri II" (Aşk Bize Küstü) ve "Her Ömür Kendi Gençliğinden Vurulur - Bütün Şiirler"i kitaplarıyla birlikte yapılmıştır.

EY HAYAT

(Ey hayat, sen şavkı sularda bir dolunaysın.
Aslında yokum ben bu oyunda,
ömrüm beni yok saysın...)

Yaşam bir ıstaka;
gelir vurur ömrünün coşkusuna.
Hani tutulur dilin,
konuşamazsın...

Tırmandıkça yücelir dağlar.
Sen mağlupsun sen ıssız
ve kalbinde kuşların gömütlüğü;
tutunamazsın!

Eloğlu sevdalardan dem tutar,
aşk büyütür yıldızlardan;
senin düşlerin yasak,
dokunamazsın...

Birini sevmişsindir geçen yıllarda.
Açık bir yara gibidir hâlâ.
Hâlâ ne çok özlersin onu,
ağlayamazsın...

Yolunda köprüler çürür.
Sesin, sessizlik sanki bir uğultuda.
Savurur hayat kül eyler seni,
doğrulamazsın...

Yapayalnız bir ünlemsin
dünyayı ıslatan şu yağmurlarda.
Her şey çeker ve iter,
anlatamazsın...

Yaşam bir istaka,
gelir vurur işte ömrünün coşkusuna.
Sesinde çığlıklar boğulur ama
bağıramazsın...

Sonra vakt erişir, toprak gülümser sana;
upuzun bir ömrün ortasında
ne hayata ne ölüme yakışamazsın...

Yazdırmalısın mezar taşına:
Ey hayat, sen şavkı sularda bir dolunaysın.
Aslında hiç olmadım ben bu oyunda.
Ömrüm beni yok saysın...

O ANALAR O ANILAR O YILLAR

- Anam Mediha'nın anısına...-

Bir kahvenin telvesinde buğulanırdı zaman.
Analar bize seslenirdi taş avlulardan.
Koşarak gelirdik...
Koşarak ağrıyan, yoksul çocukluklardan.
Türküler, maniler duyulurdu daracık sofalardan.

"Yara benden
Ok senden yara benden
Ne sende ok tükenir
Ne acı yara benden."

O analar, o anılar o yıllar yaşardılar.
Analar mağrur mabetler gibi susardılar.
Eyvânlarda serin yaz geceleri
kurutulmuş patlıcanları tokuştururdu rüzgâr...

Bir kahvenin telvesinde buğulanırdı zaman.
Analar bize seslenirdi taş avlulardan.
Koşarak gelirdik...
Koşarak yırttığımız sokaklardan.
Türküler, maniler duyulurdu ilenen avurtlardan.

"*Su olup taşabilsem*
Dağları aşabilsem
Ne kadar sevinirdim
Sana yaklaşabilsem."

O analar, o anılar o yıllar yaşardılar.
Analar ana kokar, gül bakar, şehriye açardılar;
analar gökyüzüne ne güzel bakardılar...

Analar saçlarında aklıkları kınalarla kandırıp
kandillerde mum yakar,
yatırlarda mahcup dilekler tutardılar.

Herkesin anası bir defa ölür;
ölür kınaları, yemek tarifleri ve türküleri.
Herkesin anası bir defa ölür;
ölür sevgileri, kokuları ve öpüşleri...

Herkesin anası bir defa ölür:
Bir
hançer
birden
böler
ikiye
yüreklerimizi...

KUŞLARIM VURULDU

Kuşlar mıydı, ben miydim ölen gerçekten
Yoruldum her sabah yeni bir kuşu yitirmekten...

Kuşlarım vuruldu kurak bir nehirle kaldım.
Alacakaranlıkta bu yetim şarkısıyla
döndüm dolaştım kendime vardım.
Dağlarım kurşunlandı, ayazlarda yıkandım.
Kuşlarım vuruldu çoktan kimsesiz kaldım...

Kuşlarım vuruldu, ömrüm paslandı, yiten yılları andım
ki rüzgârlar kadar çok karşılandım, çok uğurlandım.
Hızla dökerken yapraklarını kalbim,
gidip bir şarkının notasında saklandım.

Ama kuşlarım...
Kuşlarım vuruldu çoktan kimsesiz kaldım...

Kuşlarım vuruldu, kalbim dağlandı,
o ah aşklara yandım.
Yas tutan şu dünyanın kalabalığında,
gelenler gittiler gölgemle kaldım.
Çek git yolumdan kalbim artık uslandım!

Ama kuşlarım.
Kuşlarım vuruldu çoktan kimsesiz kaldım...

BİR AŞK BİR YARA

Ben şu kısa boylu hayatta
uzun boylu kederlerle acırım.
Yorar beni şu telaş, şu karmaşa.
Bir sığınak ararken şu uğultuda,
bir aşk gelir, bir yara.
Bir yara...
Bir yara daha!

Eski bir aşk,
yeni bir ayrılıktır her zaman.
Bunu kuşlar sorar, yıldızlar da anlatır.
Kimse bilmez be canım,
bir yara bir ömrü nasıl kanatır...

Ben seni hep ayrılıkla anmışım.
Titreyen ellerimle günlerin buğusuna adını...
Hep adını yazmışım.
Bir aşk gelmiş bir yara. Bir yara...
Bir yara daha...

Eski bir aşk,
yeni bir ayrılıktır her zaman.
Bunu kuşlar sorar, yıldızlar da anlatır.

**Kimse bilmez be canım
bir yara bir ömrü nasıl kanatır...**

OKUR OLSANIZ NE ÇIKAR ŞİİRLERE

"*Aşılmaz bir duvarın önünde yaşamak köpekçe yaşamaktır.*"
-**A. Camus**-

Yıkadım sevgilerimi ve baktım tozu alınmamış dünyaya.
Baktım az insanlık, az aşklar, az ıslaklık az yağmurlarda.
Baktım az ekmek, az umut, az uykulara...

Herkes yıkanırken düşlerinde serin kırıntılarla;
baktım ve "bakın!" dedim, bakın:
Deniz suyuyla tuzu, aşkla acıyı,
cüretle korkuyu katıştıran
ve bir korkağı bile kendiyle vuruşturan
hayata bakın!-
ca bir alev bile değildiniz hamuru besleyen o fırınlarda.
Hep beraber öldünüz o bulvarlarda.
Her sabah tonlarca atıktınız belediye kamyonlarında.
Doğrulunca herkestiniz, yıkılınca hiç kimse...

Azar azar öpüştünüz, azar azar güldünüz;
azar azar sonra mezarlıklarda...

Protez dişler gibi yakışmadınız girdiğiniz ağızlara;
ne işitileceklere kulak ne öpüleceklere dudak
ne de su olmadınız kuruyan ırmaklara.
İskemle olmadınız yorgun oturacaklara.

Üye olsanız ne çıkar derneklere,
memur olsanız ne çıkar devletlere,
okur olsanız ne çıkar şiirlere...
Evet, okur olsanız ne çıkar şiirlere!

HERKES ÖLÜR ÖLÜMÜNÜ

"Ölüm gelecek ve senin gözlerinle bakacak."
—C. Pavese-

I
Kanatlanır, kanatılır bütün boşluklar.
Aynalar her gün bir başka yalan söyler
ve kalınır geride çizilmiş hayatlardan,
geride yağmurlardan ve çığlıklardan.

Herkes çizer boşluğunu...

II
Her aşk başlarken pembe,
ayrılıkta rengi siyah yalnızlığın...

(Herkes arar pembesini.
Oysa kendinden ötesi yoktur;
kimse sevmez yalnızlıkta gölgesini...)

III
Herkes sever doğumunu;
kim sever ölümünü?
Herkes sever doğrusunu;
kim sever yanlışını?

Herkes susar ayıbını.
Herkes susar ayıbını...

IV
Herkes bilir gitmesini.
Bir zaman öğrenirsin
gideni sırtından öpmesini...

Herkes yaşar hasretini...

V
Herkes geçer gençliğini
Herkes...
Buğusunda anıların
yitirir kekliğini...

VI
Herkes yaşamakla suçlu,
aşkıyla hükümlüdür;
herkes doğarken ölümlüdür.

Herkes ölür ölümünü;
göğe salıp düşlerini,
salıp tenini, nefesini
bırakır ceketini.

H e r k e s   b ı r a k a c a k t ı r   c e k e t i n i ...

SEN ATEŞ OL BEN YANAYIM

Tenin tenimde ben sana haldaş olayım,
bir yaprak gibi dalına sarılayım;
uğruna yanılayım, uğruna yorulayım.
Ahını ahıma kat sevdan olayım.
Sesime bir ilmek at sesine tutunayım...

Sen ateş ol ben yanayım,
sen yaz ol ben ayaz kalayım;
uzasın gölgeleri şu ışıkların,
sen tutukla ben hükümlü kalayım.
H ü k ü m l ü   k a l a y ı m ...

EY ŞEHİR

"Sisler iner bütün dağlardan
Uyuyan şehrin üstüne."
              -S. George-

Ey şehir,
yaralı yatağım benim,
unutmadım sokaklarına meteliksiz dadandığımı,
bulvarlara, kokulara acemi
şarkısız kadınlara abandığımı.
Unutmadım, dökülmesinler diye yaprakların,
ağaçlarına nöbetçi kaldığımı...

Ey şehir,
sende kaldı hemşehrilerim;
anılarda giderek küllenen kederlerim,
sende tedirgin sevinçlerim, hazin yenilgilerim.

Dağlarında kartalların kanat şakırtıları;
uyur mu koynunda hâlâ eski sevgililerim?

Ey şehir,
kal öyle içinde kalelerin, düşlerin.
Ellere ne şehir benim, düş benim;
gündüzlerinin göğünde güvercinlerim,
buruk bir sızıdır hâlâ içinde kederlerim...

Ey şehir,
yaralı yatağım benim,
birazdan akşam olacak,
Karacadağ'dan kalkan kuşlar saçlarına konacak.

Unutma ben yine Yılmaz'ımdır;
çok yorulmuş, yanılmış, ama yılmamışımdır;
nafile karıştırma saçlarını bitmiş, kalmamışımdır.

Ey şehir,
kalmamışımdır...

AŞKIN BİLANÇOSU

I
Gidersin; yağmurlarda kırık kalır mızrabım.
Ardından dilsiz bir ihanet gider.
Gidersin, her şey gider.
Kalbimde bir tabur ayaklanır,
ilgilenmez ordular, hükümetler...

Gidersin, işte rezil bir an'dır bu;
yazdıkça silinen sözcükler gibidir hayat.
Gidersin, bir hazin dramdır bu...

/Kanmadım aynalara sana kandığım kadar,
içimde bir boşluk sana yandığım kadar.../

II
Bugün hasretin kırlarında dolaştım;
senin adınla,
aşkın adıyla
savrulup aktım o ırmaklardan.
Irmakları çöllerle, çölleri denizlerle,
denizleri düşlerle buluşturdum.
Sustum kaldım sonra böyle günleri savuşturdum.

/Ne ses ne nefes ne de bu rüzgâr bağışlar seni;
simsiyah gecelerde budanırken ah ömrüm,
dönüp sırtını giderken kimler karşılar seni?/

III
Sen olmayınca sesin de yoktu, gözlerin de;
bu yüzden odama resmini yaptım
ve söküp kalbimi yanına astım.
Sensiz geçen yılları da ben buruşturdum.
Kalbim hasretinde asılı kaldı;
yetim kalmış anıları ben tokuşturdum...

Daha bu solgun günlerde aşk,
yaşanır
sözde!
Kalp,
yitik bedende;
yağmur değil, sanki efkâr yağıyor kente.

/Kanmadım aynalara sana kandığım kadar,
içimde bir boşluk sana yandığım kadar.../

KİM/SE/SİZ

Kimsin?
Kim karşılar bir kente,
kim uğurlar bir aşka seni?

Karşıla
ve uğurla kendini...

İYİ Kİ BU DÜŞTESİN

I
Nehirler yarışır, çağıldar gözlerinde;
o nehirler benim nehirlerimdir.

Aşk
ki azar azar benim yerimdir.
Üşüyorsam, sokaktaysam, yalnızsam,
gözlerin ey yâr, benim evimdir.

/Vurulup düştükçe...
Düştükçe seni sevmekten caymayacağım;
gece insin, el ayak çekilsin gelip kapında ağlayacağım./

İyi ki bu sestesin,
dünyayı ısıtan nefestesin.
Bir haydut gibi gezinirim kapında.
Kalbimde tutuşan ateştesin...

II
Rüzgârlar uğuldar, savrulur gözlerinde.
O rüzgârlar benim rüzgârlarımdır.
Aşk
ki azar azar benim yerimdir.
Suskunsam, bozgunsam, bulutsuzsam,
gözlerin ey yâr benim evimdir.

İyi ki bu düştesin.
Her sabah ışıyan güneştesin.
İyi ki yoksuluz bulutlar gibi;
bu soğuyan dünyada sımsıcak fırınlar gibi.

/Vurulup düştükçe...
Düştükçe, sana koşmaktan caymayacağım.
Gece insin, el ayak çekilsin gelip kapında ağlayacağım.../

HER MEVSİM BAHARDIR

Siz, boğdunuz hayatı;
savruldu aşkların külleri kalplerimizden.
O sevinçler,
göz kırparak geçtiler düşlerimizden.
Çekin artık...
Çekin gölgelerinizi günlerimizden!

B i l i n i r ,   d ı ş a r ı d a   z e m h e r i   v a r d ı r .
A m a   b a r ı ş   i ç i n ,   a ş k   i ç i n
y i n e   d e   h e r   m e v s i m   b a h a r d ı r . . .

MARTILARLA RANDEVU

(Cezaevi Şiir Günlükleri)
"Bilmiyorum yasalar doğru, yerinde midir,
tümü yanlış mıdır yoksa;
bütün bildiğimiz bizi tuttukları zındanın,
duvarı sağlamdır oysa...
Her günü yıl gibidir önünde yolumuzun,
öylesine bir yıl ki, günleri yıldan uzun..."
                        -O. Wilde-

I
Demiştim, şu durakta biraz daha kalalım.
Biraz daha ceplerimde kalsın kelepçesiz ellerim.
Demiştim, gidip geniş bir bulut alalım.
Çünkü yarın gökyüzü üzerimde hep dikdörtgen kalacak.
Yarın kalbimin ormanına küller yağacak...

II
Bir izmarit gibi unutulsam
da düştüğüm yerde;
ölürüm ölümümü.

Ölürüm ölümümü;
ey hayat, yine de yenerim zulümünü!

III
Sen kederle mazlum, aşkla yamansın.
Yürürüm uçurumlara beni anlarsın.
Bir rüzgâr silip geçse de çizdiğim mavileri,
unuttursa da yıllar eski güzellikleri,
boğamaz ayrılıklar en büyük sevgileri...

Daha her gece avluya öksüz bir çocuk gibi iniyor.
Dışarıdan mektuplar, sesler geliyor,
şu mahzun avlularda günler ölüyor.
Kalbimacıyorkalbimacıyorkalbimacıyor...

IV
Ben içeride, sen uzak yollardasın.
Yollarda çamlarla, çınarlarlasın,
yollarda uğuldayan rüzgârlardasın.

Gardiyanlar koğuşta sayım yaparken,
efkârımla birlikte sayılmaktasın.

Ömrümde bir hazan yaprak dökerken,
özlemin o esrik tadındasın.
Ben çürüsem, ben ölsem bu taş odalarda,
bilirim önce sen, asıl sen yanımdasın...

V
İşte hasadımda boş günler, boş avlular.
Puştlar geçiyor protokolden
gözlerinde, düşlerinde namlular.
Birazdan
vuracaklar

ve bizim çocuklar, hesabını acıların,
rüzgârlara soracaklar...

VI
Ak bulutlar katar katar;
dedim, buralarda ne aranır?
Dışarıda bir dünya aydınlanırken,
içeride bir Yılmaz kararır...

VII

Uzaklarda kara gözden bir selam vardı,
saramadım, soramadım ömrüm zarardı.
Artık bu ayrılıklardan kalbim usandı;
bir gökyüzü, bir duvar, bir resmin kaldı.

/Oysa dünya ne geniş, koğuşum dardı.
Bıraksalar martılarla randevum vardı.../

Çömeldiğim avlularda düşler sarardı;
o muhteşem dostluklardan şimdi kim kaldı?
Hançerlendim akşamların alacasında.
Ne yaşadım ne öldüm, ömrüm talandı!

/Oysa dünya ne geniş, koğuşum dardı.
Bıraksalar martılarla randevum vardı.../

VIII
Bozkırlarda doğumum,
voltalarda ölümüm üryan!
Artık atlar karşılasın yerime poyrazı bozkırlardan.
Saçların geçiyor benimle voltalardan.
Saçlarınla geçiyorum ve seninle acılardan.
Bir ilmek atıp zamana sevdam,
geçirsin kavlince hasreti bulutlardan...

IX
Yürünecek çok yol vardı
burnumun dikine kandım.
isimler öyle çoktu
senin adını andım.

Yıllar geçti, kurtuldular;
bir ben içeride kaldım...

X
Kapanınca kapılar
ıssızlığa kimse kalmaz.
İçeride yağmur yağmaz,
toprak kokmaz duvarlar.
Kapanınca kapılar,
kasvetlidir geceler, gardiyanlar.

Kapanınca kapılar,
"hey!" derim: Kapılar, heeey!
Ben ne kederlerden geçtim
hageçtimhageçtimhageçtim,
eksilmedi yüreğimden kibritim...

KİRALIK KEDER

Tek kişilik hücrede
ben sesimi unuttum:
kendime de el gibi.

Ardımda kırlangıçlar...

Dicle kadar kurudum,
ne sustum ne konuştum;
çöplükte bir gül gibi.

Böyledir savruluşlar...

Ben yaktım yangınımı,
ben inledim, ben izledim;
ölüm, seni gözledim.

Ömrümde çırpınışlar...

Şimdi kim anlar beni.
Soğuk hayat, soğuk duvar;
sıcak birşey özledim...

Kalmadı başlangıçlar...
Kalmadı başlangıçlar!

DAĞLARDA ÖLMEK İSTERİM

Ömrümde nice sızı var
kışların önü, sonu var.
Kalbim kuşatmalarda dar;
dağlarda ölmek isterim.

Ben ateşten, hınçtan doğdum.
Üç beş kuruşa kul oldum,
yetmedi de mahpus oldum;
dağlarda ölmek isterim...

Kaç mevsim ağladım kaldım,
tutuşan özlemle yandım,
kentler zalimdi dayandım;
dağlarda ölmek isterim...

GÜNLERİN YAKASINDA
ELİM KALACAK

Ömrümü bu rüzgârlara savurmamı saymazsak,
bu serseri yağmurlarda aklım kalacak.
Yurt büyütüp divane gezerken mapuslarda
aldırmadan yürüyende ahım kalacak.

Hep özgür gezdim tutkuların içinde.
İğde kokularında anılarım kalacak.
Bütün öpüşmeler şimdi bir yalan belki;
saçlarında kadınların kokum kalacak.

Yanıldım ve yoruldum vuslatların izinde;
beyhude kederlerde sözüm kalacak.
Ölüp gitmek belki hiçbir şey ama;
günlerin yakasında elim kalacak...

BUĞULU ATLAS

(2000-2002)

*"Durmadan suçlusunuz
ve artık kendinizi
gücünüz yok ödemeye..."*

-Edip Cansever-

1. Baskı: Kasım 2002, Alfa Yayınları

Not: Bu kitabın daha sonraki baskısı 2015 yılında "Her Ömür Kendi Gençliğinden Vurulur - Bütün Şiirler"i kitabıyla birlikte yapılmıştır.

PERVARİLİ BULUTLAR

Tenini sınar bir ustura ince ince sızar kan.
Bir tren sisleri yara yara geceyi çizer raylara.
Bir adam, kapılmış da Pervarili bir buluta,
gider kendi kendine, kendi kentine.

Adamı orada unutmuşlar...

Üşütürken ömrümüz rengini paslı yalnızlıklarda,
kime baksam yanlış hayatlarda hep alabora.
Sana baksam, bir Malatya kaysısı gibi unutulmuş dalında.
Her vagon bir trene kapılmak rüyasında.

Vagonları orada unutmuşlar...

Her sevda yanılgıda, her menzil bir ıskarta.
Herkes bir yer açmış kendi uçurumuna.
Yaşanır mı böyle şekilsiz, böyle kimsesiz, sessiz,
böyle limansız, böyle imlâsız, yârsız.

Sevgiyi sularda unutmuşlar...

Biz yenildik... Daha çok yenecekler!
Mağlup olmak artık soyluluğumuz.
Pervarili bulutlar bunu bilmeyecekler.
Böyle pusatsız, böyle şarkısız, aşksız.

Beni burada unutmuşlar...

Acımamışlar... Hiç acımamışlar.
Ne bulut bırakmışlar ne çocuk,
ne bahar bırakmışlar ne yolculuk.
Bunu bildikçe üstlendim cinnetimi.

Zulmü yurdumda unutmuşlar...

Sen şimdi buruşmuş ayrılıklarda,
şimdi lime lime yoksulluklarda,
kalbindeki güllerin tozunu alıyorsun.
Sen, başın dimdik geçerken acılardan,
sabrın dağlarını parçalıyorsun.

Seni orada unutmuşlar...

Bizi ter içinde ayrılıklarda, bizi düzenbaz şarkılarda,
bizi günlerin çökmüş avurtlarında, sökülmüş uykularda.
Trenler sisleri yara yara geceyi çizerken raylara,
ilkyazların kapısında, bizi kar boranlarda
unutmuşlar... Unutmuşlar!

Böyle limansız, böyle imlâsız, yârsız,
böyle zulasız, böyle şarkısız, şanssız;
seni orada, beni burada!
Öyle hasret bir dokunuşa...

Unutmuşlar... Unutmuşlar!

Bu şehirlerin rezil uğultusunda,
biz yenildik...Daha çok yenecekler!
Mağlup olmak artık soyluluğumuz.
Pervarili bulutlar bunu bilmeyecekler.
Pervarili bulutlar bunu bilmeyecekler...

ZÜLEYHA

*"Geçmişi bir yana bırak, ömre zarardır
yaranı yumuşak, yeni bir aşkla sardır.
İnsan yüreğinde geçen zamana
karşı her zaman diri, parlak bir köz vardır."*
-Metin Altıok-

Yalnızlığımı memelerinle emzir.
Hüznümü tut, hüznümü aşkın yamaçlarında gezdir.
Ben kaçağım, bunlar da yollara dağılmış gülüşlerim;
yağmuruna sahip çık Züleyha,
içinden bir şarkı gibi geçerim.

Bir denizdim Züleyha, boğuldu sahillerim.
Bunlar çok dövülmüş, çok sövülmüş günlerim;
Bunlar defolu sevinçlerim, bunlar sözlerim.
Ben kaçağım, bunlar da yollara dağılmış gülüşlerim.
Yağmuruna sahip çık Züleyha,
içinden bir şarkı gibi geçerim...

GÖZLERİN GÖK-
YÜZÜNDE BİR DOLUNAY

Diyelim
ki sessiz gecede poyraz.
Sis çökmüş o heybetli dağlara;
yurdun
da kar altında, gözlerin gök-
yüzünde bir dolunay.

Diyelim ki sınamışsın uzaklığın ihanetini.
Seslere çarpmış sesin,
ama ulaşmamış hiçbir yere nefesin.
Diyelim ki şarabın dökülmüş, suların kesik,
bu hayat seni bir oyuncak sanıyor...

Diyelim ki sana çıldırmak yasak, sana ağlamak
yasak, yarın yasak, düş yasak.
Diyelim ki üşüyorsun kısacık bir ömrün sığınağında;
bir çay bile ısmarlamıyor hayat!

Diyelim ki lekesiz hiçbir şey kalmamış artık;
sis çökmüş güvendiğin dağlara...

Kederli bir süvari ol, orda,
sen orda!
Bıkma atını mahmuzlamaktan,
bıkma bu puştlar panayırında
berrak nehirler aramaktan...

Yaslı bir kışa rehin düşse de günler,
kalbindeki tomurcuğu bahara büyüt;
o tomurcuk düşlerinin yağmuruyla ıslansın.

Çünkü her insan bir limandır başucunda tekneler;
çünkü herkesin hüznü kocaman, aşkları dalgın.
Kimi kanıyor şah damarından,
kimi bozgununda yetim, dervişan,
kimi aşklarıyla, düşleriyle perişan...

Yamalı yerlerinden kanıyor hayat,
tutunduğun günlerinden soluyor hayat.
Bu yüzden salıver düşlerini kendi uğruna yansın;
salıver düşlerini ateşlere abansın!

Tutunduğun yerlerinden solarken hayat,
bıkma atını mahmuzlamaktan;
bıkma sendeki insan için,
derin uçurumlar arşınlamaktan...

Yaslı bir kışa rehin düşse de günler,
bir gün rüzgâr esecektir suların serinliğinden;
bir gün kırlangıçlar geçecektir göğün genişliğinden.

Yaslı bir kışa rehin düşse de günler,
kalbindeki tomurcuğu bahara büyüt,
o tomurcuk düşlerinin yağmuruyla ıslansın;
ıslansın...

Çünkü senin de bir ütopyan varsa,
i n s a n s ı n ...

BEN BİR ERKEN AKŞAM

Ben, mızrabı kırık bağlama,
ben bir erken akşam, bir telaşlı kasaba;
savurdum yüreğimi erken göçen kuşlara.

Ben, geride kimsesi kendi kalmış.
Bir yalnız bulut terk edilmiş ufukta;
ıslıkla türküler söyledim zifiri sokaklara.

Ben, okyanuslarda yalnız bir taka.
Hep özlettim kendimi kıyılara,
hep özettim ünlemlere, hep özet sorulara.

Yaslanıp bir gülün kokusuna
dağıttım ömrümü incinmiş notalara,
dağıttım gençliğimi terli ayrılıklara.

Ben, mızrabı kırık bağlama,
ben bir erken akşam, bir telaşlı kasaba;
savurdum yüreğimi erken göçen kuşlara.

Daha bakıp durmaktayım göklerde kanatlara...

DAĞLAR DAĞILDI
KENTLER YENİLDİ

"Şarkılarımda ağlamak var bir şarkıya."
-Ülkü Tamer-

I
Artık hayatlarımız düşlerinden sökülüp monte ediliyorlar. Üstümüzde ne kuşlar ne dolunay... Böyle alkole batmış akşamlar, sersem sabahlar; gittikçe tuzak, sevdikçe ihanet, sevdikçe batak!

Herkes kavramış da ötekini çaresizliğinden emeğinin tabutuna zar atıyorlar; sonra her gece alkolün esrik tadından etin vahşi tadına sızıyorlar ve sokak çocukları her gece gökyüzüne eksik yatakların şarkısını söylüyorlar...

Kirvem, buradan görünmüyor uzun koyaklar;
yine o dağların ardı yâr, ama vuslat bir uzak diyar.
Dağlar dağıldı, kentler yenildi diyorlar!

Böyle geçip giderken uzun zamanlar,
kimleri unuttuk kimler kalanlar?

II
Kimleri unuttuk kimler kalanlar?
Ve suyla değil, tükürükle yıkananlar, birbirlerine iyi
hâl kağıtlarını gösteriyorlar.

Siz hayatı böyle mi bellediniz!
Bulutlara çizdiniz ömürlerinizi;
siz hayatı böyle mi?

Böyle gelip geçerken uzun zamanlar,
kimleri unuttuk kimler kalanlar?

III
Artık cennet düşleri yeni cehennemler doğuruyorlar.
Yoksullar yine varoşlarda beraber ve solo şarkılar söylüyorlar; yine kargalar pisliyorlar mezarlıklara. Hep incinen ama incelemeyen kadınlar her güne bir Prozac'la katlanıyorlar ve rüyalarına intihar süsü verilmiş çocuklar artık düşlerini gıcırdatmıyorlar...

Oysa bir düş bulsa yaslanacak çocuklar...
(Hayatın düşlere borcu vardır;
çünkü hayatın insana borcu vardır...)

Bir düş bulsa yaslanacak çocuklar...

Böyle gelip geçerken uzun zamanlar,
kimleri unuttuk kimler kalanlar?

IV
Artık hayatlarımız düşlerinden sökülüp monte ediliyorlar. Çatılarda serçeler üşüyor, düşenler yitiyor, kalanlar yürüyorlar. Orospular uzun bacakları ve slikon memeleriyle caddeleri pervasız arşınlıyorlar. Artık en namuslular orospular; bu yüzden yağmurlar şehirleri boşuna yıkıyorlar...

Kirvem, buradan görünmüyor uzun koyaklar;
yine o dağların ardı yâr,
ama vuslat bir uzak diyar.

Dağlar dağıldı, kentler yenildi diyorlar!

Kirvem, buradan ne nüshayız ne asıl;
susmuş kanun, bitmiş fasıl.
Bizi hiçliğe yazıyorlar
Bizi hiçliğe yazıyorlar...

ALLAHIN ÜVEY ÇOCUKLARI

"Ve kalır kahverengi saatler, hiç bilinmeyenler.
Bir çağı getirdiğimiz, süresiz kanattığımız.
Kalır elbette bunlar, daha fazla değil;
bu soğuk dünyamızda yanıtsız kaldığımız..."
-Edip Cansever-

Biz faillerini kalplerinde taşıyanlar.
Biz allahın üvey çocukları, arkasızlar...
Biz hayata tenha bir ırmak gibi katılanlar;
her yerinden sökülüp her şeye katlananlar...

Biz sökük düğmeliler, şezlongsuzlar.
Biz kozalarından kovulmuş ipek böcekleri.

Biz meçhul ve kara kişiler.
Biz, yolcular, mazlumlar, çardaksızlar;
biz güneşte çekmiş serin kır kahveleri.

Biz ışıkla sözün tılsımında
ve sabrın yankısında saklananlar.
Biz sesinden başka sokağı,
düşünden başka vatanı olmayanlar...

Biz yağmurlarda yıkananlar,
yakılanlar, yakınanlar.
Biz lanetli kişiler, ötekiler;
biz türkü söyleyenler!

Biz sürgünler, kefensizler;
biz aylak günlerin upuzun şarkıları.

Biz biat etmeyenler!

Bütün namlular bize göredir.
Bize göredir çarmıhlar, mezarlıklar;
bize göredir yalnızlıklar.

Biz şehre duyurulan bir kara haber.
Biz bütün ölmüşler, gömülmemişler;
biz yazgısında gül bitmeyenler...

O seslerin içinde sestik bir zaman.
Yankısı boğuldu, suflesi yalan.
Biz de o düşlerin içine düştük bir zaman.
Yanıtını çaldırmış sorularız biz...

Yanıtını çaldırmış sorularız biz!

GİTTİĞİN YER

Gittiğin yer bir yağmur damlası kadar yakın.
Gittiğin yer bir uçurum kadar uzak.

Herkes yeniden yazgısına kanacak.
Gittiğin yer kalbimde hep kan kadar sıcak.

Gittiğin yeri anlamak,
gittiğin yeri ağlamak.

Bir çerçevede yarım bir gülüş
ve yalnız bir fotoğraf bırakarak...

Yine bahar açacak, güvercinler uçacak.
Gittiğin yerlerde sana kimler bakacak?

Gittiğin yer bir yağmur damlası kadar yakın,
gittiğin yer bir uçurum kadar uzak.

Seni benden zaman, seni ölüm alırdı ancak;
gittiğin yer hasretimin kavalyesi olacak...

HER ŞEY BURUŞTURULUR

Günler
ki ensesinden
her sabah yeniden ovuşturulur.

O şarkılar
ki anısı bir buluttur;
silinir, unutulur...

Gülümsersin aynalara;
gözlerinin buğusu çoktur.
Gün gelir
de gelmez o gelir dediğin;
gözlerin ışığından vurulur.

Kalksan yürürsün,
görürsün kalksan;
o da kovuşturulur.

Her gün sofralar kurulur, nevresimler dürülür.
Sorma, nasıl geçer de yıllar;
coşkular yorulur, umut yorulur...

Geride bir şey kalsa iyidir sesinden,
kalsa iyidir güzelliğinden.

Bilmezsin, deli bir ırmaktır zaman;
sevinçler yorulur, düşler yorulur.

Bilmezsin, nasıl yaşanır da her şey;
kirli bir mendil gibi buruşturulur.

Her şey buruşturulur.
Her şey buruşturulur...

BUĞULU ATLAS

"Bir şiirde, bir satır saklayabilir başka bir satırı.
Nasıl ki bir kavşakta bir tren belki örter bir treni.
Aşkta, başka bir sitem saklayabilir bir sitem
ve küçük bir serzenişte koskoca bir şikayet gizlidir belki.
Bir adaletsizlik bir başkasını saklayabilir-bir sömürgeci
bir başkasını. Bangır bangır bir kırmızı üniforma
bir tane, bir tane daha!"
-Kenneth Koch-

Göğünde aç kartalların, atmacaların yarıştığı
tenha bir atlastan geldim.
Kıyamda, kıyamette namluların kuytu dağlarla
öpüştüğü bir atlastan.

Yılları, yolları, yaşları yok
gurbet yüzlü adamlardan,
sur diplerinde bıçaklanan aşklardan.

Yaşamı hiç bilmeden ölümü ezberleyen
badem gözlü, sıtmalı çocuklardan;
yazgısı uçurum çocuklardan...

Zarif Dicle'de ve asi Fırat'ta,
sıska keleklerde, kıl çadırlarda
güneşe sataşan adamlardan.

Ve mendillerde, halaylarda
gülüşleri kundaklanan hayatlardan;
yazgısı uçurum hayatlardan.

Darmadağın yılları hüzne satılmış,
burunları hızmalı, şarkıları figan,
doğurgan ve mübarek kadınlardan;
yazgısı uçurum kadınlardan...

Orada şarkılara akar katran, akar kan...
Orada ihlâl ve iflah olmaz vatan!

Tarih susarken günahları,
bıçak sırtında yaşanmış o ah'ları
ve aysız karanlıkları dağ başlarında.

Nicesi aylaklığa bağışlanmış, sefil;
ölüme, açlığa sebil.
Kiminin ergen bıyıklarında aşk taslakları.

Ya kederiydik kendimizin,
ya bir halkın kaderi;
ya şakağı ya şafağı
namlular çarmıhında...

Çünkü yok satıyorsa hayat,
çok satıyordur erk, çok tüfek;
yok satıyorsa nehirlerimizde şafağın ilk ışıkları,
çok satıyordur şiddet, nefret, aşiret.

İşte sürüldü şarjöre mermi, indi emniyet,
katıldı elli bine bir daha
yağmurlu bir sokakta delik deşik bir ceset.

Yaşasaydı belki bir gün torunlarıyla
dolunaylı gecelerde yıldızlar sayacaktı...

Kenger toplarken ellerine diken batan çocuklar,
bilmezlerdi gözleri bağlanıp kurşunlanan bir aşkın
hazin bir ünlem bırakacağını hayata
ve bilmezlerdi bütün melodramların yalan olduğunu
çekirdek çitlenen eski o yazlık sinemalarda.

Onlar hâlâ gülümsüyorlar buğulu bir atlastan;
anıları damlıyor fotoğraflardan...

Biz de geçtik o dağlanan ağıtlardan.
Biz de göçtük kirden, pasaktan, hıncın ışıltısından.
Yakılmış köylerden, kesilmiş kulaklardan,
o kanlı ayinlerden, perişan ormanlardan;
biz de geçtik o murdar hayatlardan.

Herkes gidecek elbet bu yavşak zamanlardan;
bu kan revan, bu iğfal akşamlardan.
Herkes gidecek!

/ Ve ant olsun ki,
hiçbir kurşun, hiçbir çelik,
hiçbir toprak ve hiçbir vatan,
daha kutsal değildir insandan! /

MÜNZEVİ

*"Tutkular mı? Gönlün o tatlı ağrısı da
mantığın sözü önünde süzülüp gidecektir
ve yaşam, çevrene soğuk bir dikkatle baktığında,
boş ve aptalca bir şakadan başka nedir?"*
                    -Lermantov-

Bir münzeviydim...
Virajlı harfler gibi yaşadım.
s'de kaldım; kahrın alfabe(s)inde.

Ölümler vardı öldüm, ateşler vardı yandım.
Bir yanardağ gibi içimden dünyanın yüzüne karşı...
Aşkların, inançların yüzüne karşı,
ihanetle öpüştüm, yazgıma küstüm.
Öpüştüm ölümlerle, vurulup düştüm.

Yapraklar sallanıp dururken ağaçlarda
içimde yarım kalmış bir orman.
İçimde yanmış kalmış bir orman...

Yağmurlar vardı, hepsini yağdım.
Ne beklenen gelendi ne gelen beklenendi...

Devrildim sabrın tehditkar kabzasıyla.
Uygarlık yarım kaldı, dedim ey Zerdûşt
ve yarım barbarlık da!
İkisi de caymadı, gökyüzü soldu,
avuçlarımda gencecik bulutlar öldü.
Ardımdan sürüyerek getirdim kendi ölümü;
alın dijital dünyanıza kadavra yaparsınız!

Yapraklar sallanıp dururken ağaçlarda
içimde yarım kalmış bir orman.
içimde yanmış kalmış bir orman...

Kan bile terk ederken damarını,
zamanlar an'larını, her aşk kendi masalını.
Dedim, yapraklar mı terk eder ağaçlarını,
yoksa ağaçlar mı yapraklarını?

Dedim, kimse konuşmayacak mı susuşlarını?
Kimse toplamayacak mı çığlıklarını?
Ve neden birbirinin gözüne yaslamış herkes
kanlı ve mahcup bayraklarını?

Yanıt yoktu...
çünkü soru yoktu, soru yoktu, soru yok!

Dedim ey nüshasız aslım,
bu acıların hesabını veren yok;
onları güneşe ser, güneşe!
Acı bu, herkes onu her yerde,
o da güneşte çeker.
Sonra katlar dolabına koyarsın,
arada bir çıkarıp ütülersin, anarsın...
Bu acılar başka ne işe yarar?

/Devrilse de üstünüze şehir yarar
insana...
Acıtsa da kalbinizi şiir yanar
insana.../

Yapraklar sallanıp dururken ağaçlarda
içimde yarım kalmış bir orman.
İçimde yanmış kalmış bir orman...

Bir münzeviydim.
Virajlı harfler gibi yaşadım;
s'de kaldım; kahrın alfabe(s)inde.
ölümler vardı öldüm, ateşler vardı yandım.

Naçar bir gölgeydim şehrin uğultusunda,
yalan bir müfreze hayatın ordusunda;
nere dönsem iğretiydi bir yanım.
Ateş yanım, duman yanım, kül yanım.

Yapraklar sallanıp dururken ağaçlarda
içimde yarım kalmış bir orman.
İçimde yanmış kalmış bir orman...

Ödeştim cehennemimle hiç dublör kullanmadan.
Boğuldu su, yenildi aşk, çürüdü devlet.
İçimde çok yanılmış bir orman.
İçimde çok yanılmış bir orman...

BANA YASAK SÖZLER SÖYLE

(2010-2014)

Şiir, dünyaya atılmış vicdandır...

1. Baskı: Nisan 2014, Düşülke Yayınları

Not: Bu kitabın daha sonraki baskısı 2015 yılında "Her Ömür Kendi Gençliğinden Vurulur - Bütün Şiirler"i kitabıyla birlikte yapılmıştır.

BİR SERÜVEN Kİ HAYAT

Ben susarım
da hayat gelir sırnaşır.
Bir ömrü sensiz yürürken
kir bulaşır, düş dalaşır.

Artık kim, sana nasıl ulaşır?
Öyle bir serüven ki hayat,
karanlıkta Polyanna'lar,
ışıklarda Palyaço'lar dolaşır...

SIZIM

İnsansızım, rüzgarsızım, yârsızım.
Hepsi de benim sızım.

İnsan sızım, rüzgâr sızım, yâr sızım.
Tuttum yazdım bunları bir de ah nasıl ar-
sızım.

Ar sızım, çekil sızım, sus sızım.
Ulan bir de aşk sızım, para sızım, şans sızım...

YEZDAN

Bıçaklar kan'dı, düşlerse yalan;
bunları hiç unutmadan yaşadı Yezdan.

Garlarda insanlar gurbet kokarken,
herkes uydurduğu düşte solarken,
o tenha pervazlara kuşlar konarken,
Yezdan, ne çok ağladı Yezdan.

En sevdiği mevsim gökyüzü kadar,
bir yara kadar ağladı Yezdan.
Hep aynı kozada
hiç kelebek olmadan...

*"Ömür dediğin bir tozlu yoldur,
ne kalan kalır ne giden sondur,"*
diyerek ağlardı Yezdan.
O yaslı toprakların kirli sancılarında,
her yalan düşe sessizce gömülüp uyandığında.

Hayatın kasisli yollarında hilesiz
ve kimselerin geçmediği köprüler kadar sessiz
sedasız gömüldü Yezdan.
Yaşamış sayılarak nüfus kayıtlarında...

Artık onunla yıllarım sanki bir an'dır;
Yezdan'ın düşlerindeki yosun,
yırtılmış ömrüme hazin bir armağandır...

BANA YASAK SÖZLER SÖYLE

Bana sıcak bir şey söyle;
ama ne çay ne kahve.
İnsanlığım onurlansın.

Bana asi sözler söyle.
Gökyüzü dalgalansın...

Bana yasak sözler söyle.
Ezberlerim soluklansın.
Uykularım aralansın.

Bana ayıp sözler söyle.
Kuşlarım...
Kuşlarım kanatlansın...

AŞKTIR
BENİM DE YANDIĞIMDAKİ

(Biz her şeyden yoksunuz.
Geldik, yine yoksunuz.
Çiçeksiziz, yoksuluz.)

Çiçek taşıyan arabalar
ki suçsuzdur onlar.
Bilirdim
içinde
kalabalıkların
tek başına kaldığım yerdir hayat; bazen
yağmurlardaki...

Hep azar azar sevdim. Çok sevsem
kim bilir nasıl da büyük ölürdüm.
Bu unutulmamış, kalakalmış yokluğun
varlığımdaki...

Ben eskiden ağlardım
ağladığıma. Bu sıkışık hayat, bu ilenç
ve herkesin ne çok hınca hınç herkesi.
Yalnızlık, bu yoldur işte benim de
gittiğimdeki....

Büyük eylemdir gitmek. Ansızın
gitmek. Bu ölümümdür hep
kaldığımdaki...

Zaman zaman
işte kederle geçiyor zaman.
Eksilen nedir hep zamanın
kuytusundaki?

İnce düşündüm, kalın giyindim hayata.
Bu da çarpıştığım dünyadır
sustuğumdaki....

İşte bu sestir;
tek başına susacak bir yeri kalmamış dünyadaki.
Bu sözdür, şiirdeki.
Bu, bir fotoğraf, tozlanmış, eski bir hatıradaki.
Bu aşktır, bazen bir romandaki.

O romanlar ki en çok beyaz kadınların esmer aşklarındaki ve en az esmer adamların beyaz düşlerindeki...

Ben, hep beyaz kadınları sevdim;
silinmez bir esmerlikti zaten benim de yazgımdaki...

Ve kalbim, ışıkları hep yanan şehrim.
Kalbim, en yeşil ormanım benim,
bu da bir düş kalbimin bir
kıyısındaki...

Sonra yine yaz gelir, üzümler olur.
Üzümler olur ve güzler ölür.
Kadınlar en çok çarşılara soyunur.
Bu, hayatın göz kırptığıdır bize ne güzel bir kadının
yırtmacındaki.

İşte bu kederdir ah
solduğumdaki;
bu üşüyen yokluğun
varlığımdaki.
Bu aşktır benim de
yandığımdaki...

Ben, bir tenha akşamüstü giderim sizden.
B u d a   ö l ü m ü m   i ş t e
y o k l u ğ u m d a k i ...

ROBOSKİ

"Uludere'de 37 kişinin devlet uçakları tarafından sebepsiz katledilmesine takipsizlik kararı verildi."
(2014, Gazeteler)

Düşleri göğe yakın, hayata uzak;
ve orada bismillah gibi bir sabah
çırılçıplak...

Rüzgarın dilini bilen çocuklar,
yazgıları yerde kara taş,
umutları gökte yağmurlar.

Münkir ve münafık
izliyordu radarlar.
Son günüydü onlardaki şafağın,
dökülüşüydü kanın
ve son kez dokunuşuydu ayaklarına toprağın.

Naçar bedenlerini bir sabah
delik deşik parçaladı namlular.

Ah barbarlar... Barbarlar! Barbarlar!

ÖLÜ YAZILAN ÇOCUKLAR

-Berkin Elvan ve diğerlerine-

Zaman yener, yıllar geçer.
Zaman turnalar, bulutlar gibi geçer.
Bakarsın bir gün gidenler döner.

A m a   d ö n m e z
h a y a t   b i l g i s i   d e r s i n d e
ö l ü   y a z ı l a n   ç o c u k l a r . . .

YENİLDİM ŞEHİRLERE

Şimdi oralarda narlar çiçek açmıştır.
Güneş vurmuştur boy veren ekinlere.
Kalbindir, sevinci siper eder ömrüne.
Beni sorma, ben pas tuttum Asude,
yenildim şehirlere...

Aşk, insandır.
Ölüm, insan Asude.
Yoruldum aşktan da, ölümden de.
Yoruldum dünyayı anlamaktan.
Bazen anlamaktan yorulur insan;
hayattan ve kendinden de...

Şimdi oralarda gülüşün bahar gibi açmıştır;
akşam inmiş, dolunay yansımıştır ay suretine.
Ben yüreğimi gömsem de beyhude dizelere,
ne çıkar geç kalanı beklemesen de...

Beni sorma, ben pas tuttum Asude,
Yenildim... Yenildim şehirlere...

İSTANBUL'UN SAÇLARINA KAR YAĞIYORDU

Siyah bir rutubetti hayat, geçtim;
İstanbul'un saçlarına kar yağıyordu.

Kar yağıyordu yazgılarımızın titrek yüzüne,
çalınan gülüşlere,
kırılan camlara,
dökülen kanlara kar...

Herkesin bahtında bir düş,
her ömrün tufanında bir aşk deliriyordu.
Gecelerin göğsüne bıçaklamış kadınlar düşüyordu.

Belki bu yüzden ne kar ne şiir,
yetmiyordu günleri ağartmaya.
Yetmiyordu hayat
hiçbir şeyi ucuza kapatmaya...

Yine de küfredilmiş adamlar
sabahı şarapla yıkıyordu...

Kar yağıyordu günlerin puslu yüzüne;
bir asker postalının balçıktaki izine,
eski fotoğraflara, üşümüş sevinçlere,
çocukların beyaz nefeslerine.

Kar yağıyordu bu ödünç, haczedilmiş günlere
ve kıyılarında bir ceset gibi kaldığımız düşlere...

Siyah bir rutubetti hayat, geçtim.
Siyah bir rutubetti, hepsi bu işte!
Şah damarımda birkaç bayat şiirle
üstelik imanım da gevremişti aşktan, hayattan.

İstanbul'un...
İstanbul'un saçlarına kar yağıyordu...

HİÇBİR AĞIT
YOKLUĞUNA DENK DEĞİL

-Bazen hiç gelmeyecek biri de beklenir;
O bir düştür yazgına, soluğuna eklenir...-

Geçtiğim yerlerde büyük yangınlar vardı;
bu yüzden bu hayat bana küllerden emanet kaldı.

Hep iflah olmaz bir beddua gibi yaşadım.
Hiçbir düş ömrüme denk düşmedi.
Şimdi hiçbir ağıt yokluğuna denk değil...

Kal dersen kalırım. Git dersen
yine kalırım... Kalırım sana her zaman.
Bırak taşısın ikimizi kalbimdeki bu liman...

Sen, uzak bir liman şehrinde kalan sesim
ve hiçbir rüzgarın boğmaya yetmeyeceği nefesimsin.
Ben senin uzak, ıssız gemilerinim;
ben senin anlamın, ben şiirinim...

Hep iflah olmaz bir beddua gibi yaşadım;
hiçbir düş ömrüme denk düşmedi.
Şimdi hiçbir ağıt yokluğuna denk değil...

Sonra kaldım yokluğuna üstelik erken;
günler yiten aşklar gibi can çekişip geçerken.

Geçtiğim yerlerde büyük yangınlar vardı.
Bu yüzden bu hayat bana küllerden emanet kaldı.
Şimdi sen düşümü de öksüz bıraktım.
"Düştü tetiği yüreğimin yığıldım kaldım."

GURBETİN
AŞK OLSUN SENİN

Bir sabah simidinin buğusu gibiydi sesin;
böyle yara gibi, efkâr gibi nerdesin?

Gurbetin aşk olsun senin.

Keder vardır hani bazen
savrulan yapraklarda.
Ümit yoktur hani bazen
kırılan ince dallarda.
Şimdi susan anılarda

Kaldığın aşk olsun senin...

Bir kış günü yollarda kar,
gökyüzünde mor bulutlar.
Üstelik vuslata çok var.

Gittiğin aşk olsun senin...

Sonra sen bir sabah açınca hasretin yakasını.

Gördüğün aşk olsun senin...

Ben yine bakarım sana dünyanın tek penceresinden.
Sonra ikimiz de geçerek hayatın hevesinden,
böyle uzak, eksik azalacağız.

A m a   d i l e d i ğ i n   k a d a r   u z a ğ a   g i t :
H e p   a y n ı   g ö k y ü z ü n ü   p a y l a ş a c a ğ ı z . . .

BİR BULUT
ORADA HİÇBİR ŞEYE AĞLADI

Düşenler düş oldular;
kalanlar afet-i ömre yandılar.
Davulcular tokmaklarını gecelere.
Gecelere vurdular.
Herkes yalnızdı zaten tanrılar kadar.

Bir bulut orada hiçbir şeye ağladı...

Dedim kentlere gücün yetmez Süleyman
ve hayata nüfuz etmez varoşlarda kartal oluşun.

Orada her şey Süleyman'ı anladı.

Yırtılmış bir düş gibiydi gece.
Gecede her şey Süleyman'ı ağladı.

Süleyman, dedim,
artık ayrılık bile gelmez bizi uğurlamaya;
ne de küller,
yanıp yitmiş ömrümüzü karşılamaya...

Bir bulut ağladı, bir Süleyman ağladı.
Süleyman ağladı bulut ağladı...

KENDİMİ ÇOK ÖLDÜRDÜM

Usul adımlar kullandım güneşe çıkmak için.
Yağmalandı ömrümün sığınakları.
Uzaklara da gittim kendimi bulmak için.

Allahsız adamların kitapsız günlerinde
çarmıhlarda kasıldım İsa'ya varmak için.
Sabrım kör karanlık hücrelerde sınandı;
sonra onardım kendimi hayata kalmak için.

Bu yaslı dünyanın cinnet surelerinde
Lânetlendim ve kavmimce recmedildim.
Kederi göze aldım hep yasak aşklar için.

Kanun hükmüyle yakıldı düşlerimde ormanlar.
Kendimi çok öldürdüm gerçeği bulmak için.

Kendimi
çok
öldürdüm
gerçeği bulmak için...

U/MUTSUZ YURDUM

Yurdum, çok sabretmektir, biraz ekmektir.
Yurdum, heyhat demektir, hep şükretmektir.
Yurdum, düşmek ve düşlemektir.
Yurdum, ana avrat sövmektir, bazen çekip gitmektir...

Yurdum, Kepirtepeli Rıza'dır, nöbette Kürt Mehmet'tir.
Yurdum, halay tepmektir, horon çekmektir.
Yurdum, yara bere aşk ve burun sürtmektir.
Yurdum, ah çekip dağlara umut etmektir...

Yurdum, Hamravat suyunda karpuz,
Gabar Dağı'nda sis, Ege'de imbat,
Akdeniz'de ter içinde güneştir.
Yurdum, Gezi'de cesur pankart,
Kars-Edirne yollarında şoför Ahmet'tir.
Yurdum, yollara...
Yollara hasret ekmektir.

Yurdum, ana duası, kışla sopası,
sonrası paranın. Paranın imtiyazı...

Yurdum, bir esmer efsane Ahmet Kaya'dır;
Sevdası yaralı, hasreti hep yayadır.

Yurdum, biraz da Pir Sultan'dır;
O da keder ve isyandır.

Yurdum Hallacı Mansur'dur, Nâzım Hikmet'tir.
Yani tepeden tırnağa isyan ve sırılsıklam hasrettir...
Yurdum, Sivas'ta yakılan şair Behçet'tir.

Yurdum, bazen bir derin hicran ile
u/mutsuzca;
umutsuzca ölmektir...

TENHA KIZLAR

Sararmış evlerde rutubet koklayan kızlar
hiç kendileri için yaşamadılar.
Düşlerde bozgun, aşklarda hicran;
kendilerinden uzağa kaçamadılar.

Onlar hep bir tenha akşamdılar.
Işığı kurcalayıp gökyüzü aradılar.
Gözlerinde akarsular. Gözlerinde
akar
sular,
pencerelerinde rengarenk çiçekler açan saksılar.

Her melodramda bir ihanet,
her vedada bir yeni cinnet
ve her akşam dar odalarda can sıkıcı sorular.
Bakım ister bir de o kötürüm analar.
Taşarken mutfaklardan sokaklara hüzzam şarkılar...

"Ah komşu, artık fallar da avutmuyor.
Hep yosmaları sevdi mahallede oğlanlar...
Yalnızlık nereye kadar?" Yalnızlık
nereye kadar?

Sararmış evlerde rutubet koklayan kızlar,
hiç kendileri için yaşamadılar.
Düşlerde bozgun, aşklarda hicran;
kendilerinden uzağa kaçamadılar...

ÇOCUKLAR ERKEN ÖLÜYOR

Gezi'de erken ölen çocuklara-

Çocuklar erken ölüyor; "çocuklar," diyorum devlet, erken ölüyor ve birileri utancını gülüyor... Şimdi erken ölen çocuklar hazin birer çığlıktır dünyanın bütün kapılarında. Siluetleri tükürürken kışlalarınıza, saraylarınıza, kirli ve korkak cüzdanlarınıza, hiçbir yenilgi yetmez utancınıza!

Bir mezarlığa çevirdiğiniz dünyayı, çürüyorsunuz çürüyen devlet gibi bu yavşaklar panayırında...

Bir evvel zaman mavi bir sabahım boğdurulurken çarmıhlarınızda, bilmediniz sizi tükürecek cüret vardı hep zamanın vicdanında...

Şimdi dünyanın bütün kapıları öle öle çoğalan çocukların şarkılarıyla. Dünyanın bütün kapılarında boğdurulmuş ne çok sabah gözyaşlarıyla...

Bir mezarlığa çevirdiniz dünyayı, siz de çürüyorsunuz azar azar çürüyen hırslarınızla...

Günlerin yağmurları yağarken o şehla bakışlı çocukların masum uykularına, bir rüzgar gibi dolaşacak erken ölen çocukların çığlıkları dünyanın bütün kapılarında...

Bunca kan revanın bir kıyısında hayat yine de yürürlüktedir ve birtakım adamlar günlerin, ekmeğin ve aşkların üzerinde hayasızca tepinmektedir.

Vurulduğumuz yerlerde bir gün başka çocuklar koşacak. Bir başka gün, bir başka çağ olacak. Bir papatya bile uğramayacak mezarlarınıza...

Biz, dolaşırken o çocuklarla kol kola günlerin ütüsüz, küfürbaz yanlarında, bir rüzgâr gibi uğuldayacak erken ölen çocukların çığlıkları dünyanın bütün kapılarında.

Bir mezarlığa çevirdiniz dünyayı, siz de çürüyorsunuz çürüyen devlet gibi siz de bu yavşaklar panayırında...

NERUDA'YA NAZİRE

Yavaş yavaş ölürler
yalnız kendilerinden başkasının ölümünü görenler
ve ölümü bir zangoç gibi her yere bildirenler.

Yavaş yavaş ölürler evlerine hiç dönmeyenler;
dönmeyip uzaklarda çürüyenler...
Yavaş yavaş ölürler sadece okuyan
ve okuduklarını yaşamayanlar;
hep müzik dinleyip hayatın ritmine kulak tıkayanlar.

Oysa her günün bir ritmi vardır.
Aşkların, ayların, mevsimlerin bir ritmi.
Müzik, yalnız dinlediklerimiz değildir bu yüzden;
bir müziği vardır her insanın,
her çocuğun ve her baharın da.

Müziği olmayan kültür ve ulus yoktur dünyada;
bu yüzden müziği sevmek değil maharet,
bir müziğe tempo tutar gibi yaşamaktır.

Notalarına özenmektir günlerin,
özenmektir notalarına tüm sevgilerin...

Yavaş yavaş ölürler
yalnız sığ bir hoşgörüden söz edenler.
Oysa her vicdan öyle geniş olmalıdır ki,
dünya dar kalmalıdır kapısında.

Evet, öyle geniş olmalıdır ki,
yalnız hoşgörüye değil,
her şeye yer olmalı orada;
merhamete, inanca ve aşka,
düşlere de mesela...

Yavaş yavaş ölürler
her gün ayrı bir yolda hiçbir yol seçemeyenler.
Girdikleri her yolu çıkmaz zannedenler.
Oysa öyle çok yol vardır ki dünyada,
yarısını arşınlamaya bile ömrümüz yetmez;
bu yüzden kendi yolunda yürüyenler haklıdır daima.

Yavaş yavaş ölürler bir ufka bakayım derken,
kendi ufkunu göremeyenler;
belki tam sırt döndüğü yerdedir oysa...

Yavaş yavaş ölürler yabancıları sevmeyi lütfedenler.
Oysa herkes hem yerli hem bir yabancıdır dünyada;
kendinden ötesi de yoktur insanın aslında.
Bu yüzden ait değilim ne bir devlete ne bir ulusa,
dönerken koskoca dünya...

Yavaş yavaş ölürler
sezgileri dışında icazet arayanlar.
Çünkü herkes kendi olmalı
ve rotasını kalbiyle bulmalıdır.

"Mantıklı tavsiyelerin" dışı, asıl içidir insanın;
bu yüzden herkes önce kendini oldurmalıdır
ki oradan dışarı çıkabilsin,
çıkınca kendisi kalabilsin...

Kaldı ki yavaş yavaş ölmeyen insan
ve yavaş yavaş çürümeyen eşya var mıdır?
Kendi ruhunun mecrasından ses damıtamayan
asıl ölü bir insandır
ve ölü bir insan,
ölü bir isyandır...

HÜZNÜME
SUÇ ORTAĞI ARIYORUM

Kimsesiz bir ıslığın yitik sesiyim,
açık bir usturanın cüretkâr gövdesiyim;
hüznüme suç ortağı arıyorum...

Hüznüme suç ortağı arıyorum.
Issızım ve yalnızlık kadar deliyim.
Evlerde solgun ve beyaz,
dışarıda yeşilin nefti sesiyim.
Haylaz bir düşün gölgesiyim...

Boğulmuş düşlerin son nefesiyim.
Ben, hüznün öz kardeşiyim...

SÖZÜN DURUYOR

Yalnızlığın gözerinden belli.
Baktığın her yerde hüzün duruyor.
Bir sarhoş zamandı vurdun kapıyı gittin,
kalbimin kıyısında yüzün duruyor.

Bir gün herkesin şarkısı susar;
yine yağmurlara gömülür sokaklar.
Bir gün herkesin sevgisi susar;
sararıp dökülür koca hayatlar...

Yalnızlığın gözlerinden belli...
Dokunduğun her yerde izin duruyor.

Bir esrik zamandı kırdın kalbimi gittin;
unutma,
dönersen,
terk ettiğin yerde sözün duruyor.

Terk ettiğin yerde sözün duruyor...

KURTARMAK İÇİN ANLAMI

Kurtarmak için anlamı
su, şiir ve nefes.
Bulutların güven veren heybeti
ve dağlarda güneş.

Kurtarmak için insanı
kızarmayı unutmayan
yüzlerde ateş.

Kurtarmak için
çarmıhlarda eskiyen gençliğimiz
ve bunca riyakâr "iyilik" arasında
bazen kötülükleri seçtiğimiz...

Kurtarmak için,
geride yetim türküleriyle ölülerimiz,
sefil yıllarımız, aykırı aşklarımız
ve ömrümüze dar olan dünya...

Kurtarmak için aşkı
düzenbaz kalabalıktan
çekildiğimiz. Mutsuz ve bozgun
yalnızlıklarda eskidiğimiz.

Kurtarmak için hayatı
şarkılarımız, şiirlerimiz...

ve sevdiklerimiz değil,
asıl sevgidir yitirdiğimiz
diye bağıra çağıra delirdiğimiz...

EPİLOG

Ah zaman beynime bir format at
ya da geçmişin defterini öylece kapat...

Gülümseyen hiç kimse mutlu değil
ve hiç kimse
zamanın ve şiirin vicdanından
daha ak değil...

Yılmaz Odabaşı ile şiir ve...

-Çağ ve şiir?

Çağ, beraberinde birçok sosyal, kültürel dönüşüm ve yenilikle birlikte insanlığın sanayi cehennemindeki yalnızlığını da giderek büyütüyorsa ve şair için şiir, bir duyarlık üleşimi olarak bu mutsuz olma durumuna da bir manifestoysa eğer, bu manifesto yeni çağda boyutlanmak zorundadır. Çünkü enformasyonun, sanayileşmenin, özetle modernitenin evreninde şiir, insanın giderek irileşen yalnızlığına bir panzehir de sayılıyor, bir gereksinme oluyorsa, bu gereksinimi ancak "nesnel karşılık" içeren yapıtlar karşılayabilir.

Yani şiir, yeni çağın acılarını ve dışarıda örseleyen, savuran sanayi uygarlığının 'yeni hayat'ını da açıklamak ve karşılamak zorundadır. Bunu, şiirin 'nesnel karşılık' içermesi gerektiği biçiminde tanımlamak daha doğru olacaktır.

'Nesnel karşılık' nitelemesi, benim şiirimin omurgası sayılır. Çünkü popüler kültürün seri üretimi, giderek sanat yapıtlarını da yabancılaşmanın faktörleri haline getiriyor; tüketim toplumu histerisinde, zarif bir vahşetin pazar ilişkileri ağında 'kimi' sanat yapıtları da içeriğinden yalıtılıyor. Bu çürümenin özneleri, adeta yazım kılavuzlarına dönüşen ama hiçbir şey söylemeyen sözcük yığınlarında çoğu kez kendi yabancılaşmış yansımalarını görerek avunuyorlar.

Oysa ki şiir, en büyük süngüyü bu rasyonaliteden yiyorsa, biçimsel yetkinlik ve yenilik gibi kaygıları da hiç yadsımadan nesnel karşılık içererek hayata ve insana dokunmalıdır...

-Çağ ve şair?

Çağımızda şair, şiirin insanlık tarihiyle yaşıt mirasını da devralıyor. Bu miras, hem şiirde daha yeni olanaklar sınayabilmeyi sunuyor, hem de daha önce sınanmış biçim ve milyonlarca imge ile bir anlamda önümüzü de tıkıyor.

Yeni bir çağ, yeni kuşaklarla birlikte 'yeni insan'ını da kuşkusuz beraberinde getiriyor. Bu 'yeni insan', sosyopsikolojik olarak önceki çağ ve toplumsal dönemlerin insanından farklı nitelikler taşıyor; bu farklı ruhsal ve karakteristik özellikler arasında medya kuşatmasında uzaktan kumanda edilmesi, kendi iç evrenine yönelerek yalnızlaşması, algısının ve toplumsal reflekslerinin iğdiş edilmesi gibi pek çok şey sayılabilir.

Özetle, bir şair bıçkınlığı, coşkusu taşımaktan uzaklaşmış bu nicel kalabalıkta birileri, bu 'yeni hayat'ın ve 'yeni insan'ın şiirini artık nasıl yazacaktır? Ayrıca, yazılsa bile, üretilen artık görsel-sosyal medyanın manyetik alanındaki uzaktan kumandalı potansiyele (bu piyasa ilişkilerinin kirine hiç bulaşmadan) ne oranda ulaşabilecektir?

Zira artık "yapıt"ın sunumu ve niteliğinin belirlenmesi, okurun tercihi olmaktan çıkmıştır. Tamemen Medya, 'ne düşünelecek, ne tartışılacak ve ne okunacaksa onu da biz belirleriz' yaklaşımıyla yığınları manipüle etmektedir.

Günümüzde herkes gibi şair de bir kirlenmede ve kuşatmadadır. Bu kuşatmayı nasıl kıracaktır? Aslında şair, meta değil, şiir üretiyor; ne var ki ürettiği pazar dolaşımında bir meta olarak sahipleniliyor ve sunuluyor. Şairin bu reel durum karşısında masumiyeti bu tabloyu değiştirmeye yetmiyor, yetemiyor...

Artık bu yeni çağda kimse Robinson değil. Her birey gibi şair de nesnel gerçeğiyle direkt bir etkileşimde ve sistemin hem nesnesi hem öznesi haline getirilmiştir. Hiç kimse ve elbette ki şair de artık hiç masum değil. Tüketim toplumu bireyi olan şair de artık 'meşru'dur; meşru ve edilgenleşmiş, ehlileşmiş birey, 'yıkıcı' ve 'illegal' olması gereken şiirin mecrasına nasıl akacaktır?

Artık bu enformasyon çağında insanlığın antenlerinin nerelere yöneltildiğini görmemiz, şairin ve şiirin onuru adına irkilmemiz için yeterlidir.

Kuşatma artarak, boyutlanarak sürüyor ve sürecek... 2000"li yıllarda popüler kültürün hegemonyası, medyanın da katkısıyla Türkiye'de de her anlamda ciddi boyutlarda deformasyona neden olacaktır.
Şair, artık konumunu buna göre belirlemelidir. Ya popüler kültüre göre sığlaşarak medyanın yörüngesine girecek ya da kendini geri çekip bu anti estetik, anti ideolojik durumdan yalıtarak vakur bir yalnızlığı, bir anlamda dışlanmışlığı yaşayacaktır.
Çünkü şiiri olmayanlar şair, müziği olmayanlar müzisyen olacaklardır. Genel anlamda sanat ve yazı, içeriğinden yalıtılıp sığlaştırılacaktır.

- *Şiir ve coşku?*

Şair, ilk dizesini yazdığı 'an'dan itibaren verili olanı reddeden bir tercihle uzun menzilli bir itirazın peşine düşmüş demektir. Bu itiraza yaraşabilmek için kanımca ille de sarsılmalı, önce kendi evreninde depremler yaşamalı, coşkusu hep bir şahlanışta durmalıdır.
Aslında Türkiye'deki edebiyat ortamı, bizim içimizdeki çocukluğu ve o çocukluktaki coşkuyu defalarca katletti; bir de okurların ilgi ve duyarlığı olmasa, her türden lobi ve rant ilişkilerinin, kötülüğün ve kirlenmenin sürdüğü böyle bir edebiyat ortamında asla durmazdım.
Ama neyse ki şiir, mangalar, düzineler halinde paslaşmalardan değil, yaşamdan ve insandan besleniyor. Neyse ki her türlü örselenmenin nedeni olan yaşamı ve insanı da yine bu iki bileşen —yani yaşam ve insan— onarıyor.
Şiirin objesi de yaşam ve insandır. Yaşam dinamik, insanın evreni ise uçsuz bucaksızdır; kendine bu iki bileşende karşılık bulan şiir ise coşkuludur.
Bana kalırsa günümüzde şaire en çok 'çarmıh' sözcüğü yakışıyor. Dışarıda her gün coşkularına tükürülen insanlığın yüzüne bakmaktan utandıkça ve o utancı kalbinde büyüttükçe, şair de çarmıhını yedeğinde taşıyıp 'günlerin çarmıhında' yaşıyor.

Başarabilirse, coşkusunu hep yedeğinde taşıdığı o çarmıhtaki çığlıklardan emziriyor ya da mağlup olup coşkusunu tam da bu gerçeklikte yitiriyor.

Benim şiirim temasız, düşüncesiz bir şiir değildir; ama salt düşüncenin şiiri de değildir; yalnız düşüncenin şiiri de olmaz zaten.

Ben, aykırılığımın, yüreğimde kopan fırtınaların ve o fırtınalardaki coşkumun şiirini yazmaya çalıştım. Gözettiğim coşkuyu içermeyen nice şiiri de yırtıp attım. Çünkü aforizma filan değil, şiir yazıyordum. Şiire coşkuyu damıtıp o coşkuyu okura taşımak, günümüzün coşkuları yağmalanmış insanına yapılabilecek anlamlı jestlerden biri olabilir.

Coşku ise salt içerikte değil, kanımca biçimdedir de... Biçim, coşkudaki çıplaklığı giydiren güzel ve gerekli bir elbisedir; içeriği bütünler.

Şimdi şiirin onuru ve etiği; bu yüzden coşkusu da bazı sözde edebiyat ve medya merkezlerinin manipülasyonlarıyla kirletiliyor. Bize düşen ise, hep aynı çocukluktaki coşkuya ve o coşkudaki şiire tutunmaktır...

-*Şiir ve gerçeklik?*

Picasso, '*Sanat, gerçek değildir, bize hakikati anlamayı öğreten bir yalandır*' diyordu. Yine yanılmıyorsam Ritsos, '*Gerçek, sanatta salt yaşanan değil, düşlenendir de*' diyordu. Bu cümleleri düşünürken evimdeki akvaryuma bakıyordum ve önümdeki bir kâğıda şöyle not düşmüştüm. (Bu notu, bir şiir kitabıma da almıştım.) Şöyle diyordum: "*Bir akvaryumu yazmak, akvaryumda yaşamaktan kolaydır; bu yüzden her dize biraz eksik, her şiir biraz yalandır...*" Zira, aslolan hayattır.

Şiirde gerçekçilik, direkt, somut değil, sembollerle, soyutlamalarla, imge ve metaforlarla yer almalıdır. Yoksa yazdığımız parti bildirisi ya da gazete haberi olur.

Edebiyat, yalnız esinlenen değil, esinleten de olmak zorundaysa eğer, şair, yalnız gerçekliğin somut evrenine değil, düşlerinin imgelem denizinde, ütopyalarına gezinebilmelidir; şiirinin harcından gerçekliği kovmadan şiirini kurmalıdır.

Özetle şiir, somut gerçekliği imgesel bir mecrada estetize etmelidir. Burada şu söylenebilir: Gerçek tek başına şiiir değildir, ama şiir, gerçeğe de sataşan, onu estetize eden bir söz sanatıdır.

-*Şiir ve esin?*

1980 yılında şiire koyulduğumda, nice yitirilmiş şairin şiirleriyle sarsılarak tanışmıştım. Öyle örnekler vardı ki, tıpkı benim Ahmed Arif'le aynı kentli olmam, kültürel ve ideolojik akrabalığımla hep onun yörüngesinde kalacağım, onu izlek alacağım kaygım gibi, bazen 'bu şairlerden sonra şiir yazılmaz!' diyebilecek kadar ürktüğümü itiraf edebilirim...

İlk yıllarda mâkul esinlenmeler belki hoşgörülebilirdi fakat her şair kendi dilini, özgünlüğünü edinerek şiirin kulvarında soluk alabilirdi. Böyle görkemli bir miras sözkonusuyken, bir özgünlük sınavı vermek gerikiyordu. Kendi adıma bu sınavı verdiğime inanıyorum.

O yıllar, yani 1980'lerde Türkiye ve dünya şiirini kendi koşullarımda izlerken, Ahmed Arif gibi şairlerden daha 'iyi' değil belki fakat daha 'yeni' bir şiir yazabilmek umuduyla şiire koyulmuştum. Yeni bir tarihsel, toplumsal süreçte yeni kültürel dönüşümlere tanıklığımı üreteceklerime taşırsam, şiirime bir yenilik, bir işlevsellik katabileceğimi düşünüyordum.

Şimdi uzun yılları bulan emeğin ardından, böylesi kaygılarıma yaraştığımı gönül rahatlığıyla söyleyebilirim. Eğer 'esinlenmekten' kastettiğiniz buysa, özetle bunları söyleyebilirim.

Ama bir de şairin yaşamdan, insandan, nesnelerden, objelerden vb. esinlenmesi var. O da başlı başına bir başka sohbetin konusudur.

-*Şiir ve gelenek?*

Yine şiire başladığım '80'li yılların ilk yarısından örnekleyecek olursam, o yıllarda şairlerin gelenekten nasıl beslendiklerini filan araştırdığımda karşıma hep uç örnekler çıkıyordu. Örneğin, 1985 yılında Gösteri dergisinde kendisiyle yapılan bir söyleşide Metin Eloğlu, *'Gelenekten payıma zırnık düşmemiştir,'* diyerek geleneği büsbütün yoksayan, yadsıyan bir tutumu yeğlerken, Hasan Hüseyin ise denilebilir ki bütünüyle geleneğin saçağında üretiyordu.

Aradan geçen yıllarda her ikisinin de Türkiye şiirindeki konumlarını daha nesnel kavradığımda, 'gelenekten payıma zırnık düşmeyenin' de, geleneğin bahçesinde çoğaltmalarla uyak üretenin de çok başarılı sayılamadıklarını gördüm; ya da kimbilir belki de sadece ben öyle düşündüm...

Bu yüzden geleneği yadsımamak fakat bütünüyle geleneğin saçağına yönelmemek gerektiğine inanıyorum. Daha önce de geleneği yadsımadığımı, ancak geleneğe körü körüne bir bağlılığın da günümüz şairini geriye götüreceğini; yani çağın yeni insanının yeni yaşamına karşılık içermeyeceğini savunuyorum.

Mesala Necip Fazıl'ı da, Nâzım'ı da şair olarak önemsiyorum; ama kendi konumlanışımdaki ideolojik tercihte elbette Nâzım'la saf tutarım. Etik, ideolojik ve estetik tercihte Nâzım'dır benim izleğim. Ancak, şiirin estetik kuruluşu, onuru adına Necip Fazıl ve ardıllarının şiirine saygısız olma hakkını bulmam kendimde. Fakat benim ideolojik tercihlerim ve beslendiğim bir mecra, bir gelenek vardır.

Bu beyanlarımla anlaşılacağı gibi şair, geçmişte kalmış olanla, bugündeki yitmiş olanla yaşayan arasındaki dengeyi temkinli gözetmelidir. Bu da, yukarıda özetlediğim gibi geleneği bütünüyle yadsımamak fakat o gelenekten yararlanıp onu çağdaşa uyarlamakla olanaklıdır.

Yazın Dergisi, Frankfurt, s.78, Kasım 1997

Bütün şiirlerimin yayınlanması hakkında

Şiire, on sekiz yaşımda 12 Eylül 1980 askeri darbesinden sonra tutuklandığım Diyarbakır Askeri Cezaevi'nde başladım. Yazıp kenarlarına desenler çizdiğim şiir defterlerime her aramada el konulurdu ve hiçbirini geri alamadım...

Çocukluğumuz, feodalitenin acımasız kurallarıyla sert bir şiddet kültüründe, gençliğimiz devletin çarmıhlarında elektrik şoklarıyla hapishanelerde, açlık grevlerinde geçti. 80'lerde hiçbir yüz kızartıcı suç işlemeden, bir şiddet eylemine bulaşmadan sırf dünya görüşümüz nedeniyle devletin ve toplumun vebalı gibi davrandığı genç adamlardık.

Hep travmalar yaşamış yaralı benliklerimizle ne devlet, ne ailelerimiz, özetle içinde bulunduğumuz nesnel koşullar, bizlere hayata yeniden tutunabilmemiz ve soluk alabilmemiz için hiçbir olanak vermedi. Bu nedenle kendimizi öldürmek, hayatlarımıza bir anlam iliştirmek ve ayakta kalabilmek için vermemiz gerekenden çok daha fazla sınav vermek zorunda kaldık.

80'lerdeki o büyük kuşatmalar ve ruhsal girdaplarda ya intihar edecek ya dağa çıkacaktım. Ben, şiire sığındım...

Şiire sığınınca devlet, bozuk sicillerimizin olduğu sayfaların yerine boş ve beyaz bir sayfa açmadı tabii; bu kez de bozuk sicilim, yazdıklarımla birlikte yakın markaja alındı. Bu kez de yıllarca yazdıklarım, söylediklerim için yargılandım.

1980'lerde bir kitap yayınlamak, hiç kolay değildi. Günümüzdeki gibi gelişmiş bir matbaa teknolojisi ve bilgisayarlar yoktu. Yayınevleri az, uzak ve daha seçiciydiler; kitaplar mürettipler tarafından kurşun kalıplarla harf harf dizilirdi.

1984'te Bursa'da ilk şiir kitabımın basımına el konulmuştu.

Şiir dosyam ellerinde, ben ise elektrik şoklarında gözlerim bağlı çığlık çığlığa bağırırken "konuuş!" diyorlardı, "Bir şiirinin adı Pusuda Yalnızlık. Ne diyon burda, pusuya yatmış teröristlere bir mesaj mı veriyon, söylee?"

O dönem Yugoslavya'da bir gazetede şair Orhan Veli ile şiirlerim yayınlanmış, haberi bir gazetede yer almıştı. Ellerinde küpürü, illegal adreslere ulaşacakları bir kanıt sayarak: "Orhan Veli haa! Veli isimdir leyn, bu ne biçim soyadı! Kesin kod adıdır. Bize bu Orhan Veli'nin gerçek soyadını ve ev adresini vereceyn!" diye bağırıyorlardı. O adamlara Orhan Veli'nin illegal bir örgüt üyesi olmadığını, üstelik artık yaşamadığını anlatabilmek –bile o yıllar gerçekten zordu.

Aşk zordu, iş zordu, düş zordu ve yazmak, üstüne üstlük ruh sağlığımızı korumak, belki de sadece bizim için nedense çok zor oldu bu ülkede...

Kimi zaman yazı makinem bile tutuklanıp, benimle birlikte yargılandı. Basımına 1984'te el konulan ilk kitabımdaki şiirlerin bir nüshası yoktu. Fakat garip bir inatla o şiirleri bir bir hatırlayıp yeniden yazarak ilk kitabımı 1985'te yayınlayabilmiştim. Şimdi geriye dönüp baktığımda, yazabilmek için bu büyük ısrara otuz yıl sonra ben bile şaşırıyorum...

Şimdiyse otuz dört yıllık bir emekle 80'lerden 2015'e ayrı ayrı yayınlanmış on bir şiir kitabımın bir arada sunmak, benim için sadece heyecanlandırıcı değil, doğrusu çok da buruk ve çok duygulandırıcı bir final...

Dünyayı şiir kurtaracaktı

80'lerin Diyarbakır'ında yirmili yaşlarımızın beş parasız sıkıyönetim günleri izbe sokaklardaki soğuk arkadaş evlerinde toplanıp, şiirler okurken, bir gün dünyayı şiirin kurtaracağına ne çok inanmıştık...

Sonra bahar günleri, yaz geceleri insanlar gezip eğlenirken, üst üste sigaraların eşlik ettiği uykusuz geceler sarsıla sarsıla hayata bir ünlem gibi savurmaya çalıştığım dizeler. Yazdıkça yeni yargılanmalar, mahkûmiyetler, ithamlar, çelmeler...

Bir yanda Türkçe yazdığım için kınayıp itham edenler, bir yanda sırf Diyarbakırlı olduğum için yaşadığım dışlanmalar... Sevgisiz, pragmatist yayıncılar ve edebiyat lobilerinin çelmeleri ve kitaplarım on binlerin ellerinde dolaşırken, şiirin hep galip geleceğini unutarak yazdıklarımı her fırsatta yok saymaları.

Şiir yazdığım upuzun yıllar boyunca neredeyse her çevrenin büyük –ve çoğu zaman anlam veremediğim– sevgisizliğiyle boğuştum. Her şey çok zarafetsiz, çok yaralayıcı, kırıcı ve kıyıcıydı...

Diyarbakır'ın izbe varoşlarından referanssız, lobisiz gelip, Türkiye'de şairler camiasının kabul görmüş bir mensubu olmanın, hiç de uzaktan göründüğü gibi soylu, temiz ve kolay bir kabul olmadığını fark ettiğimde, yıllarca verdiğim emekten caymak için çok geçti...

Şiirin dünyayı kurtaracağına inanmıştık fakat sonra hem kendimizi hem de şiirimizin haysiyetini devletin, lobilerin, tahrif edenlerin, ilkesiz yayıncıların, işgüzar editörlerin, İstanbul merkezli edebiyat lobilerinin, onay masalarının, mahkemelerin, şiirlerimizi çalakalem yayınlayan internet sitelerinin, intihallerin vb. elinden kurtarmak için yıllarca çabaladık durduk...

Yazmak ve temiz kalmaya çalışmak zordu... Hem yazmak hem de doğru anlaşılmak gerçekten çok zordu ve yordu... Üzerimize ve temiz tutmaya çalıştığımız değerlere her yerden çamur sıçrıyordu...

Yazdığım yıllarda edebiyat lobilerinin içinde ya da civarında hiç yer almadım, "piyasa" denilen ilişkiler ağının bir figürü olmayı her zaman reddettim ve kendimden öte hiç kimseyle yarış içinde olmadım. 2000 yılından itibaren hiçbir ödüle de katılmadım ve hiçbir yarışmanın seçici kurulunda ilkesel olarak yer almadım...

Kimileri gibi şiirimi birtakım lobilerin dar alanda kısa paslaşmalarıyla değil, otuz dört yıllık bir sabırla zamanın vicdanında ve okurun yüreğinde var ettim...

Okur da yazıyla iştigal ettiğim yıllarda verdiğim sınavlara duyarsız kalmadı. Korsan baskılar hariç bu ülkede yarım milyon şiir kitabım tüketildi. Bu ülkede tarafsız, vicdanlı birtakım onay masaları olsaydı eğer, bu rakamın doğruluğunu saptar ve bunun bu ülkenin edebiyat tarihinde şiir namına bir rekor olduğunun hakkını elbette verirlerdi...

Büyük vefa

Şiir yazdığım otuz dört yıl boyunca bu ülkede kurumlar, medya, yayın dünyası ve lobiler, güçlerini adeta sabrımızla sınarken, abartısız kendi adıma hep okurun o büyük vefasına tutundum.

Bana hapishanelerde poşetler dolusu mektuplar gönderen, düşünce suçlarından mahkumiyetlerimde beni her seferinde devletin hışmından çekip çıkaran o büyük vefaya. "Bana bir gül ver" diyen şiirimden esinlenip, küf kokan hapishanelerde, karanlık hücrelerde bana buket buket güller gönderen vefaya...

Yazdıklarımı yürekleriyle sahiplenip özdeşleşen ve içselleştiren o insanlardı her şeyi katlanılır kılan. Şiir yazdığım otuz dört yıl boyunca anladığım, aslında bu ülkede hiçbir şeyin onların yürekleri kadar temiz olmadığıydı...

Şiir, benim için bir etiket ya da marjinalliğin imtiyaz alanı değil, acının göbek yerinden çıkıp geldiğim yerde yaşama bir itiraz, bir varoluş biçimi ve insanlaşma serüveniydi...

Benim insanlaşma serüvenimle yazıp, hayata dağıtmaya çalıştığım dizeleri hiç okumamış olanlar bile, bazen bir yerlerde şiirlerimden bestelenmiş şarkıları dinliyor, bir duvarda, bir aracın arkasında, sosyal medyada vb. bir dizemle bir biçimde buluşuyordu. Böylelikle şiir, hayatla ve insanla buluşup, bir nesnel karşılık edinerek yazılış amacına bir biçimde ulaşıyor, yani bu anlamda yazdıklarım namına söz yerini bulmuş oluyordu.

Artık şiir, modern dünyanın ruhsuz, plastik dizaynına karşı can çekişirken, yazdığım şiirlere karşı son görevimin bütün şiir kitaplarımı özenli biçimde bir araya getirmek olacağını düşündüm ve öyle yaptım.

Kendi ömrümün de gençliğinden vurulduğu bir zaman aralığında "Her Ömür Kendi Gençliğinden Vurulur" adıyla on bir şiir kitabımı bir araya getirdiğim bütün şiirlerim, artık okurun ve zamanın vicdanına emanet...

Yazı makinemizi tutuklayanları, kitaplarımızı toplatanları, şiiri bile bu ülkede suç sayanları, edebiyat lobilerinin namert çelmeleri ya da kimileri Kürt olduğum için dışlarken kimileri de Türkçe yazdığım için küfredenleri, yazdıklarımın zamanın vicdanında ve edebiyatın tarihsel sürecinde sınanmasına fırsat vermeden yatsıyıp yok sayanları yıllar sonra mahcup edercesine on bir şiir kitabımın bir araya getirildiği bu kitap, hacmini kötülüğün ve sevgisizliğin büyük uğultusuna kulak tıkayıp, şiirin haysiyetinin ve dizelerdeki içtenliğin peşinden giden okurumun büyük vefasına borçludur.

Kimi zaman yargılanıp tek kişilik hücrelerde unutulduğum, kimi zaman iftiralar, çelmeler, kötülükler karşısında kırılıp dökülüp her şeye sırt dönerek münzevi kaldığım dönemlerde bile ısrarla yazmayı sürdürmemi sağlayan vefakar okurlarıma yaşadıkça hep yanımda taşıyacağım minnet duygularımla sonsuz teşekkürlerimi sunuyorum.

Bu yüzden bu kitap artık benim değil, o büyük vefanın; bu dizelerle özdeşleşen ve onları benimseyenlerindir.

Şiir, dünyaya atılmış vicdandır... Hep o vicdanla olsunlar, var olsunlar.

Yılmaz Odabaşı, İstanbul, Haziran 2015

35 yılın şiirlerini tek ciltte toplayan Yılmaz Odabaşı ile söyleşi:
Popüler kültürün bir parçası olmayı reddettim

35 yılın şiirleri bu kitapta: Her ömür kendi gençliğinden vurulur. Neden bu ismi seçtiniz?

Bu şiirlerin bir araya gelmesi için uzun yıllar gerekti. Okurlarımın gidip bütün şiir kitaplarımı ayrı ayrı edinmeye çalışması yerine, hepsini bir arada bulabilmelerini arzuladım. Neden bu isim? Kitap, ömrümün, kendi yaşam serüvenimde gençliğinden vurulduğu bir döneme tekabül etti. Artık gençliğe bir anlamda veda etmek gibi bir gerçekle yüzleştiğim bir dönemdi. Bunun her ömür için de geçerli olabileceğini ve insanların bu dizeyle daha çok empati kurabileceklerini düşündüm. Bu kadar basit bir neden...

Bir dönem artık yazmayacağınızı söylemiştiniz ama sonra geri döndünüz. Yeniden yola koyulmanızın sebebi neydi?

Aslında bazı dönemler var ki, suskunluk orada bir erdem, bir asalet kazanıyor. 2000'li yıllardan sonra medyadan, edebiyat dünyasından artık uzak durmam gerektiğine inandım.

Ben, bir şairin susması gereken sosyal, toplumsal dönemler olduğuna inanırım. Şiirin gündelik hayattan koptuğunu, dışlandığını, okur algısında büyük bir sığlaşma oluştuğunu ve iyi edebiyatın okurla buluşma olanaklarının neredeyse kalmadığını görüyoruz. Yayın dünyasının artık sadece tecimsel projelere yatırım yaptığını ve kitapçıların, dağıtım şirketlerinin en az rafı şiire ayırdıklarını görüyoruz. Ama buna rağmen tam anlamıyla susmak gibi bir asaleti yeğlemeyişime bazen içerliyorum.

Gittiğiniz o inziva süreci nasıl geçti? Neler oldu bu arada?

O yıllar doğru anlaşılmanın, anlatmanın olanaklarının pek kalmadığını düşünmüştüm. O dönemde okurlarım büyük bir vefayla hep yeni şiir kitabı ne zaman diyerek mütemadiyen bana şair olduğumu hatırlattılar. Aslında başka bir hayata yöneldim, daha önce hiç yapmadığım şeyleri denedim. Fakat o dönemde yine büyük bir vefayla karşılaştım.

O dönem başka uğraşlara yöneldim. Şiir yazdığım yıllarda pek çok mağduriyet yaşamıştım; bir terapi süreciydi belki de, kendimi bir nadasa bıraktım. Kentlerden uzaklaştım. Münzevi bir hayat, münzevi bir dönemdi. Dinleneceğimi umuyordum ama yine de kendimi dinlenmiş hissetmedim; çünkü yaşam boyu atamayacağım kadar izlenim ve yara biriktirmiştim. O yaralar ne yazık ki ovuşturmakla geçmedi...

İnsan kendi yazgısı üzerinde rötuşlar yapabilir her zaman, ben de o şair adamı çektim çıkardım hoşnut olmadığım o atmosferden. Ama doğru mu yaptım? Doğru yapmadım; çünkü entelektüel alan asla boşluk kabul etmez.

Bir yazar, bir şair olarak ortaya çıkmak, bir kitap yayımlamak, "ben bir yolculuğa başladım, beni izleyin" demektir. Sonra yazmayı bırakıp çekildiğinizde, o kesintiye uğrar. Böyle olunca okur profilim büyük bir oranda azaldı. Yayıncılar için eskisi kadar cazip bir imza olmaktan çıktım.

Eskiden kitaplarım çok satan listelerinden düşmezken büyük bir iştahla kitaplarıma yönelen yayıncılar daha mesafeli davranmaya başladılar. Bu da çok umurumda değildi zaten. Ben popüler kültürün bir parçası olmayı kendim reddetmiştim zaten.

80'li yıllarda şiirin dünyayı kurtaracağına inanıyordunuz. Kurtardı mı peki?

Yok, şiir kendini, kendi haysiyetini bile kurtaramadı. Maalesef toplum, şiire de, şairlere de bu yanılgıyı reva gördü. Eski şairlere bakıyorum, mesela Orhan Kemal, Hasan İzzettin Dinamo, Nâzım Hikmet, 2000'lerin insanına yazdıkları şiirlerde artık ne harp, ne darp, dünyada sulh, her şeyin özgür olacağı, sınırların kalktığı, pasaportların kalktığı bir dünya tahayyülünde bulunmuşlar. Fakat onlar da yanılmışlar...

Peki, o yıllarda bu inancı bunca besleyen neydi?

Devinime, değişime inanan insanlardı onlar. Toplumların sancılı süreçlerden geçtikten sonra dünyanın ortak bir barış ve özgürlük algısında buluşacağına inandılar. Çünkü onların yüreklerinde adalet ve özgürlük duygusu vardı. Fakat dünya, barış ve özgürlüğe saygılı bir dünya olmadı. Bu da şairlerin ayıbı değil, olsa olsa barbarların, diktatörlerin, toplumu kaoslara sürükleyenlerin, büyük patronların, sermaye grupları ve finans kapitalin vb. ayıbı diye düşünüyorum.

Ahmed Arif ve Ahmet Kaya'ların da içinde bulunduğu bir kuşağın son temsilcisisiniz. Nasıl bir kuşaktı o?

Kendi adıma o geleneği hep korumaya çalıştım. Hiçbir geleneğe yaslanmayan birtakım argo, aforizma ucube söylemlerin oradan buradan intihaller yaparak devşirme-melez ve sığ bir dille yazmalarını hep garipsedim.

Cemal Süreya'ların, Ahmed Arif'lerin, Nâzım Hikmet'lerin bıraktığı ve 'mısranın haysiyeti' diyen o geleneği, yazı adamı olup asla pazarlamacı olmayan, edebiyatta edep erkan önemseyen, hem bir dünya görüşüne sahip olup, hem de ideolojiyi estetiğe teslim etmeyen bir duruşu sürdürmek ve korumak çabasında oldum her zaman.

Düşünce uğruna bedel ödemeleri ortak noktalarıydı galiba...

O zaman inançlarımız, doğrularımız için hapse girmek bir erdemdi. Kanımca yine öyle fakat yeni kuşaklar bunu saflık, hatta gereksiz heba olmak biçiminde algılıyor. Uzun yıllar önce söylemiştim, ileride düşünce suçları olamayacak, çünkü pek de düşünen insan kalmayacak diye...

Belki matbaalardan kitaplar toplanmayacak ama İnsanların algılarındaki muhalefet duygusu toplanacak. Toplumun algısında giderek bir homojenleşme oluşuyor zaten.

Evet, o geleneğin de artık sonuna geldik diye düşünüyorum. Bu ülkede kalkıp şiiriyle Nâzım Hikmet gibi tabuları sarsacak ve söylediklerinin arkasında durup bedelini ödeyecek, müziğiyle ve duruşuyla Ahmet Kaya gibi rest çekecek, meydan okuyacak pek fazla adam kalmadı.

İktidarlar, büyük yayın tekelleri, medya artık herkesi satın alıyor. Pek çok şey anlamından yalıtıldı. Modernite yeni insanını yalnızlaştırdı ve ucubeleştirdi.

Dedim ya, modernite bir plastik dizayn... Hazin; sevgisizleşen, insansızlaşan ve hayatlarımızdaki şiirin de soluk alamadığı bir toplumsal dönemdeyiz. Fakat bu kaotik karanlık dönemlerinde aşılacağına dair umudumuzu hiç bir zaman yitirmemeliyiz.

Zehra Onat, Zaman Gazetesi, 24 Haziran 2015